音声DL版

JN015654

聴ける！ 読める！ 書ける！ 話せる！

# イタリア語
## 初歩の初歩

▶カタコトフレーズ ▶場面別フレーズ ▶目的別フレーズ

高橋書店

# ●イタリアの州と都市

イタリアには20の州があります。おもな都市は以下のとおりです。

スイス
オーストリア
トレンティーノ・
アルト・
アディジェ
フリウリ・
ヴェネツィア・
ジュリア
スロベニア
クロアチア
ヴァッレ・
ダオスタ
ロンバルディア
ヴェネツィア
Venezia ★
ビエモンテ
★ミラノ
Milano
ヴェネト
フランス
★
トリノ
Torino
エミリア・ロマーニャ
ボスニア・
ヘルツェゴビナ
ジェノヴァ
Genova
★ボローニャ
Bologna
リグーリア
サン・マリノ
ピサ
Pisa
★
フィレンツェ
Firenze
マルケ
ペルージャ
● Petugia
コルシカ島
トスカーナ
ウンブリア
ヴァチカン市国
★ローマ
Roma
アブルッツォ
ラッツィオ
モリーゼ
ナポリ
Napoli
プーリア
アルベロベッロ
● Alberobello
カンパーニャ
サルデーニャ
カプリ島
Capri
アマルフィ
Amalfi
マテーラ
Matera ●
バジリカータ

イタリア
*ITALIA*

カラブリア

パレルモ
Palermo
★

地中海
Mare Mediterraneo

タオルミーナ
Taormina
シチリア

★ おもな州都
● その他のおもな都市

# はじめに

　みなさんは友だちを作る時、共通点が多いほうが楽だと思いませんか？　イタリアと日本は遠く何千キロも離れていますが、意外と似たところがあるんです。

　まずは「自然」です。どちらの国も細長い地形で、海に囲まれており、中央に山脈があります。面積と緯度もほとんど同じで、イタリアにも四季があります。そして「食」も似ています。地形が似ていることもあり、海の幸、山の幸が日本と同様に豊富で、北部には米の産地もあります。日本人は麺類が大好きですが、イタリア人も麺＝パスタをよく食べます。また、日本人と同様、イタリア人も美しいものに心ひかれます。アートや音楽など、「芸術」に関心が高いことも共通点でしょう。

　特に重要な共通点は、イタリア語と日本語の発音がよく似ていることです。日本人にとってもイタリア人にとっても、お互いに親しみやすい言語と言えます。ある説によれば、自然が言葉のつくりに影響を与えているそうです。

　イタリアには、日本が大好きで、日本語を勉強している人がたくさんいます。1978年にイタリアの国営放送局が初めて日本のアニメを放送しました。その時からアニメブームが始まり、おかげで日本の文化や料理についても広く知られるようになりました。和食のレストランも増え、特に寿司のレストランは、地方にまでたくさんあります。

　言語を学ぶことや文化交流は友情と同じで、共通点を探して見つけることがとても大切です。「違う」より「似ている」が多ければ、相手を受け入れやすくなる。言葉も同じです。似たところの多いイタリアの言語を学ぶのは、難しいことではありません。

　本書では旅先で困らないイタリア語の基礎が身に付きます。イタリア語を学習したら、ぜひイタリアを訪れてみてください。そして、難しく考えずに地元の人にどんどん話しかけて、会話を楽しみましょう。イタリア語でコミュニケーションをとれるようになれば、きっと旅は100倍楽しくなりますよ！

Antonio Maizza

# 本書の使い方

　本書は、イタリア語の基礎をマスターするための入門書です。文法は日常会話で使われるものに絞り、シンプルな文型を中心に実用的な表現をまとめています。

## PARTE 1 　イタリア語の基礎知識

　イタリア語の学習を進めるにあたって、まずは知っておきたい言語や国民性に関すること、文字や発音のポイントなど、ごく基礎的な知識を身に付けます。

## PARTE 2 　イタリア語の基本ルール

　品詞ごとの特徴や形の変化など、イタリア語の基本ルールを学習します。また、これだけ覚えれば日常会話はOK、という3つの時制についてもまとめています。

## PARTE 3 　通じればOK! カタコトフレーズ

　コミュニケーションの第一歩となるあいさつやお礼、返事など、そのまま覚えてすぐに使えるフレーズを紹介しています。

## PARTE 4 　その場で役立つ! 場面別フレーズ

　イタリアを旅する設定で、場面ごとに役立つ表現や単語を身に付けます。

音声トラックNo.

場面タイトル

基本文型
この場面の学習でメインとなるフレーズの文型です。

基本文型のバリエーション
基本文型を少しだけアレンジした例。文型をより理解しやすいよう、語句ごとに日本語訳を付けています。

キーワード　左ページの基本文型に組み込んで使える単語です。

ミニ会話　実際の場面ではどんな
　　　　　やりとりになるか、会話
　　　　　の流れがわかります。

これも使える!　基本文型以外に、同じ
　　　　　　　場面で使えるフレーズ
　　　　　　　を紹介しています。

## PARTE 5　いろいろな場面で使える! 目的別フレーズ

特定の場面だけでなく、いろいろな場面で使える便利な表現や単語を身に付けます。

## 付録　動詞活用表／単語帳

よく使うおもな動詞の活用形（現在形、近過去、半過去）がひと目でわかる動詞活用表と、食事やショッピングなどで役立つ単語をまとめています。

音声について　音声マークがある箇所のフレーズ／単語は、音声をダウンロードして聴くことができます。特にイタリア語特有の発音は音声をよく聴いて、まねをするように発音してみましょう。声に出して練習することで、イタリア語のナチュラルな発音を身に付けてください。

※音声は日本語→イタリア語の順で収録しています。
※ダウンロードの手順はカバー折り返し部分をご参照ください。

# 目 次

## PARTE 1 イタリア語の基礎知識　音声 1 ～ 音声 6

## PARTE 2 イタリア語の基本ルール　音声 7 ～ 音声 22

## PARTE 3 通じればOK! カタコトフレーズ　音声 23 ～ 音声 29

PARTE **4** その場で役立つ！**場面別フレーズ** 音声**30**〜音声**67**

---

音声 68 ～ 音声 91

## PARTE 5 いろいろな場面で使える! 目的別フレーズ

PARTE 1

# イタリア語の
# 基礎知識

# イタリアのひみつ

## イタリア語と神話

　イタリア語でとても不思議なのは、単語自体に「性」があること。名詞はすべて「男性名詞」と「女性名詞」に分かれています。これは、神話が言葉に強い影響を与えたためと推測されます。

　ローマ時代をさらにさかのぼった遠い昔、人々は、自然界のどこにでも神が宿っていると考えていました。そのため「海（mare）」はアポロンなので男性、「月（luna）」はアルテミスなので女性というように、神の性が単語とセットになったのでしょう。

▲海の神ポセイドン

## 巻き舌の都市伝説

　イタリア語の発音を聞いたことがありますか？ なんとなく「巻き舌が使われている」という印象があるのではないでしょうか。

　その昔、ローマ帝国が崩壊したあと、イタリア半島は何度も違う国に支配されました。そのため、首都ローマを含む中部と、南部の一部の方言には、アラビア語やスペイン語などの影響を受けた巻き舌の「R」が残っているのです。

　巻き舌の「R」がイタリアで使われている、というのは都市伝説です。イタリア語を発音する時、巻き舌を意識して使う必要はありません。

## イタリア人の時間の感覚

一般に、イタリア人は時間にルーズだと言われています。たとえば、時刻表があるにもかかわらず、電車やバスが時刻通りに発着しないことがあります。また、テレビ番組の放

### INFORMAZIONI

| DESTINAZIONE | CATEGORIA | ORE | RIT | BIN |
|---|---|---|---|---|
| ROMA TERMINI | EUR | 17 : 20 | 1 : 00 | |
| NAPOLI C.LE | EUR | 18 : 50 | 0 : 10 | |
| ROMA TERMINI | REG | 19 : 00 | | 1 |
| MILANO C.LE | EUR | 19 : 10 | 0 : 15 | |
| SIENA | REG | 19 : 15 | | 4 |

▲遅延時間の表示もあるイタリアの駅の電子掲示板

送時間が理由もなく遅れたり、街の時計塔の時間が正しくなかったり。

一体なぜなのでしょう? イタリア人は基本的に時間に対しておおらかで、プレッシャーを感じたくないのです。

そんなイタリア人でも、きちんと守るのが会社の退勤時間。この時間ぴったりになると、タイムカード機の前に行列ができます。

## 多様な国民性と伝統料理

イタリア人は、住んでいる地域によって国民性が驚くほど異なると言われています。

たとえば、お笑い好きで陽気な人が多いローマは日本で言うと大阪でしょうか。ローマ出身のコメディアンが多いこともうなずけます。ミラノはドイツに近いせいか、厳粛で寡黙な人が多いと言われています。モードの発信地ゆえ、お洒落な人もたくさん集まります。フィレンツェの人々は文化に対して高い誇りを持っています。歴史が古く、さながら「イタリアの京都」と言えるでしょう。

このような多様性は、料理にも色濃く表れています。もしイタリアを訪れた際には、さまざまな伝統料理を食べてみてください。

# 文字と発音

## アルファベット

### ●イタリア生まれのアルファベット

アルファベットは、紀元前にイタリアのローマで生まれました。イタリア語の母音は日本語と同じ5個で、子音は16個です。

**母音**

| | | | |
|---|---|---|---|
| **A** a<br>ア | **B** b<br>ビ | **C** c<br>チ | **D** d<br>ディ |
| **E** e<br>エ | **F** f<br>エッフェ | **G** g<br>ジ | **H** h<br>アッカ |
| **I** i<br>イ | **L** l<br>エッレ | **M** m<br>エンメ | **N** n<br>エンネ |
| **O** o<br>オ | **P** p<br>ピ | **Q** q<br>ク | **R** r<br>エルレ | **S** s<br>エッセ | **T** t<br>ティ |
| **U** u<br>ウ | **V** v<br>ヴィ | **Z** z<br>ゼータ | | | |

**R**の音は通常ラ行ですが、特に強調される場合には直前に軽く「ル」をそえるような感じで発音します（カタカナルビは小さい「ル」で表記）。

イタリア語のアルファベットにはもともとなかった **J、K、W、X、Y** は、外来語の表記に使われます。

| **J** j<br>イ ルンガ | **K** k<br>カッパ | **W** w<br>ドッピャ ヴ | **X** x<br>イックス | **Y** y<br>イプスィロン |
|---|---|---|---|---|

# 発音のポイント

## ●アクセント

　イタリア語のほとんどの単語にはアクセントがありますが、実際にアクセント記号「｀」が母音の上に付くのは、語尾の母音にアクセントがある単語と、1つの音節でできている単語のみです。アクセントの位置は単語ごとに異なります。

※アクセント記号が付かない単語の多くは、後ろから2つ目か3つ目の音節にアクセントを置きます。

アクセントがある箇所のトーンを強く上げる感じで言えば、イタリア語らしい発音になります。

※アクセントの位置によっては、このように単語の意味が変わってしまう場合もあります。

## ●詰まる音

同じ子音が2つ続くと、強く吐き出す詰まった音になります。

小さい「ッ」のような音になります。

## ●くっつく音（リエゾン）

母音で始まる単語は、直前の単語の語尾（子音）と続けて発音します。

ここでは、子音（n）＋母音（i）で、「ni」の音になります。

## ●ローマ字の要領で読めるイタリア語

　イタリア語は、日本人にとって発音しやすい言語です。母音は日本語と同じ「ア」「エ」「イ」「オ」「ウ」ですし、子音と母音の組み合わせはおおむねローマ字のようにそのまま読めばOKです。

| | **a** ア | **e** エ | **i** イ | **o** オ | **u** ウ |
|---|---|---|---|---|---|
| **b** | ba バ | be ベ | bi ビ | bo ボ | bu ブ |
| **c** | ca カ<br>cia チャ | che ケ<br>ce/cie チェ | chi キ<br>ci チ | co コ<br>cio チョ | cu ク<br>ciu チュ |
| **d** | da ダ | de デ | di ディ | do ド | du ドゥ |
| **f** | fa ファ | fe フェ | fi フィ | fo フォ | fu フ |
| **g** | ga ガ<br>gia ジャ<br>glia ッリャ<br>gna ンニャ | ghe ゲ<br>ge/gie ジェ<br>glie ッリエ<br>gne ンニェ | ghi ギ<br>gi ジ<br>gli ッリィ<br>gni ンニィ | go ゴ<br>gio ジョ<br>glio ッリョ<br>gno ンニョ | gu グ<br>giu ジュ<br>gliu ッリュ<br>gnu ンニュ |
| **l** | la ラ | le レ | li リ | lo ロ | lu ル |
| **m** | ma マ | me メ | mi ミ | mo モ | mu ム |
| **n** | na ナ | ne ネ | ni ニ | no ノ | nu ヌ |
| **p** | pa パ | pe ペ | pi ピ | po ポ | pu プ |
| **q** | qua クワ | que クェ | qui クィ | quo クォ | ———— |
| **r** | ra ゥラ | re ゥレ | ri ゥリ | ro ゥロ | ru ゥル |
| **s** | sa サ/ザ<br>sca スカ<br>scia シャ | se セ/ゼ<br>sche スケ<br>sce シェ | si スィ/ズィ<br>schi スキ<br>sci シ | so ソ/ゾ<br>sco スコ<br>scio ショ | su ス/ズ<br>scu スク<br>sciu シュ |
| **t** | ta タ | te テ | ti ティ | to ト | tu トゥ |
| **v** | va ヴァ | ve ヴェ | vi ヴィ | vo ヴォ | vu ヴ |
| **z** | za ザ/ツァ | ze ゼ/ツェ | zi ズィ/ツィ | zo ゾ/ツォ | zu ズ/ツ |

※子音 h は母音と組み合わせても発音されず、母音だけの音になります。

## ●イタリア語特有の発音

### ①「gl」の音

gl の g は日本語の小さい「ッ」のような音で、次の l を強く発音させます。
l とあとに続く母音は「リャ、リェ、リィ、リョ、リュ」の音になります。

figlia （娘）
フィッリャ

aglio （ニンニク）
アッリョ

### ②「gn」の音

gn の g は発音しませんが、次の n を強く発音させます。n とあとに続く
母音で「ンニャ、ンニェ、ンニィ、ンニョ、ンニュ」という音になります。

Spagna （スペイン）
スパンニャ

bagno （トイレ）
バンニョ

### ③「sc」の音

イタリア語にはローマ字の「shi（シ）」というつづりはありません。h の代
わりに c が使われ、「シャ、シェ、シ、ショ、シュ」の音になります。

sciarpa （マフラー）
シャルパ

sciopero （ストライキ）
ショーペロ

### ④「t/d」の音

子音の前、または語尾にある t と d は「ト」「ド」よりも「トゥ」「ドゥ」に近
い音になります。

tre （数字の「3」）
トゥレ

nord （北）
ノルドゥ

# 数字と通貨

Top: まずは知りたい 基礎知識③

Title: 数字と通貨

数字 音声03

Body text: 注文や支払いなど、さまざまな場面で活躍する数字の表現を覚えておきましょう。

Note box: 「21」はventi（20）＋uno（1）で表しますが、この時ventiの最後の母音（i）が取れてventunoになります。＋otto（8）となる「28」も同様で、ventottoになります。※この規則は「31」「38」〜「91」「98」にも適用されます。

Table of numbers.

Bottom note: 「11」〜「19」では、「10」を表すdiciが語尾や語頭に付いています。

16.

# 数字と通貨

## 数字 音声03

注文や支払いなど、さまざまな場面で活躍する数字の表現を覚えておきましょう。

> 「21」は**venti**（20）＋**uno**（1）で表しますが、この時**venti**の最後の母音（**i**）が取れて**ventuno**になります。＋**otto**（8）となる「28」も同様で、**ventotto**になります。
> ※この規則は「31」「38」〜「91」「98」にも適用されます。

| | | | | | |
|---|---|---|---|---|---|
| 0 | zero ゼーロ | | | | |
| 1 | uno ウーノ | 11 | undici ウンディチ | 21 | ventuno ヴェントゥーノ |
| 2 | due ドゥーエ | 12 | dodici ドディチ | 22 | ventidue ヴェンティドゥーエ |
| 3 | tre トゥレ | 13 | tredici トゥレディチ | 30 | trenta トゥレンタ |
| 4 | quattro クワットゥロ | 14 | quattordici クワットルディチ | 40 | quaranta クワランタ |
| 5 | cinque チンクエ | 15 | quindici クインディチ | 50 | cinquanta チンクワンタ |
| 6 | sei セーイ | 16 | sedici セディチ | 60 | sessanta セッサンタ |
| 7 | sette セッテ | 17 | diciassette ディチャッセッテ | 70 | settanta セッタンタ |
| 8 | otto オット | 18 | diciotto ディチョット | 80 | ottanta オッタンタ |
| 9 | nove ノーヴェ | 19 | diciannove ディチャンノーヴェ | 90 | novanta ノヴァンタ |
| 10 | dieci ディエーチ | 20 | venti ヴェンティ | 100 | cento チェント |
| | | | | 200 | duecento ドゥエチェント |
| | | | | 500 | cinquecento チンクェチェント |

> 「11」〜「19」では、「10」を表す**dici**が語尾や語頭に付いています。

# ユーロ通貨

EU加盟国の通貨ユーロ（euro）は、イタリア語では「エウロ」と発音します。ユーロの下の単位はセントで、100セント＝1ユーロです。2セント以上の金額では複数形になります。

| ユーロ | euro<br>エウロ |
|---|---|
| セント | centesimo 単 /centesimi 複<br>チェンテーズィモ　　　　チェンテーズィミ |

※ユーロは複数形でも変化せず、euro のままです。
※「1セント」「1ユーロ」の「1」は「ウーノ」ではなく「ウン」と発音します。

ウン
1 centesimo
（1セント）

2 centesimi
（2セント）

5 centesimi
（5セント）

10 centesimi
（10セント）

20 centesimi
（20セント）

50 centesimi
（50セント）

ウネウロ
1 euro
（1ユーロ）
※リエゾンして
発音します。

2 euro
（2ユーロ）

5 euro（5ユーロ）

10 euro（10ユーロ）

20 euro（20ユーロ）

50 euro（50ユーロ）

100 euro（100ユーロ）

200 euro（200ユーロ）

500 euro（500ユーロ）

イタリア語の基礎知識

PARTE
1

# 暦と時間

## 暦

音声 05

ホテルやレストランの予約に必要な暦の表現を覚えておきましょう。

| | | | | |
|---|---|---|---|---|
| 1月 | gennaio<br>ジェンナーヨ | | 年 | anno 単 /anni 複<br>アンノ　　アンニ |
| 2月 | febbraio<br>フェッブラーヨ | | 月 | mese 単 /mesi 複<br>メーゼ　　メーズィ |
| 3月 | marzo<br>マルツォ | | 週 | settimana 単 /settimane 複<br>セッティマーナ　　セッティマーネ |
| 4月 | aprile<br>アプリーレ | | 日 | giorno 単 /giorni 複<br>ジョルノ　　ジョルニ |
| 5月 | maggio<br>マッジョ | | | |
| 6月 | giugno<br>ジュンニョ | | | |
| 7月 | luglio<br>ルッリョ | | | |
| 8月 | agosto<br>アゴースト | | | |
| 9月 | settembre<br>セッテンブレ | | | |
| 10月 | ottobre<br>オットブレ | | | |
| 11月 | novembre<br>ノヴェンブレ | | | |
| 12月 | dicembre<br>ディチェンブレ | | | |

「〜年」は、定冠詞 il（p.25参照）のあとに数字（千の位＋百の位＋十の位＋一の位）を続けます。例えば、「1984年」という場合は、次のように表します。

il [イル] ＋ **1000**（mille [ミッレ]）
　　　　＋ **900**（novecento [ノーヴェチェント]）
　　　　＋ **80**（ottanta [オッタンタ]）
　　　　＋ **4**（quattro [クワットゥロ]）
↓
il １９８４（1984年）
イル　ミッレ ノーヴェチェント オッタンタ クワットゥロ

※「2000」は「2」＋mila（mille の複数形）で duemila [ドゥーエミーラ] です。

「〜日」も、定冠詞 il のあとに数字を続けます（「8」と「11」の場合は l' になります）。

il tre gennaio（1月3日）
イル トゥレ　ジェンナーヨ

※「1日」の場合は序数（p.81参照）を使って il primo [イル プリーモ] と表します。

| 月曜日 | lunedì<br>ルネディー | 金曜日 | venerdì<br>ヴェネルディー |
|---|---|---|---|
| 火曜日 | martedì<br>マルテディー | 土曜日 | sabato<br>サーバト |
| 水曜日 | mercoledì<br>メルコレディー | 日曜日 | domenica<br>ドメーニカ |
| 木曜日 | giovedì<br>ジョヴェディー | | |

| 昨日 | ieri<br>イエーリ |
|---|---|
| 今日 | oggi<br>オッジ |
| 明日 | domani<br>ドマーニ |

## 時間　音声 06

　数字の前に定冠詞 <u>le</u> を付けるだけで「〜時」と表せます。また、「〜時〜分」の場合は、接続詞 <u>e</u>（〜と）を使って、時と分を表す数字をつなぎます。

# le 12 e 30 （12時30分）
レ　ドディチ　エ　トゥレンタ

※「1時」だけは例外で、「l'una [ルーナ]」と言います。
※駅、空港などの時刻表では24時間制、日常会話では12時間制が使われます。

> 時刻表、予約などでは「15分」「30分」
> 「45分」は数字で表されますが、日常会話では次のような表現もあります。
>
> un quarto ＝ 4分の1→15分
> ウン　　クワルト
>
> mezzo ＝ 半分→30分
> 　　メッゾ
>
> tre quarti ＝ 4分の3→45分
> トゥレ　クワルティ

| 時 | ora 単 /ore 複<br>オーラ　　オーレ |
|---|---|
| 分 | minuto 単 /minuti 複<br>ミヌート　　ミヌーティ |
| 秒 | secondo 単 /secondi 複<br>セコンド　　セコンディ |

強い絆で結ばれているイタリアの大家族

　田舎でも都会でも、とても広くはりめぐらされているのが、イタリアの大家族のネットワーク。ほとんど義務のようになっている、電話で交わすクリスマスや新年のあいさつはもちろん、親戚同士で定期的に連絡を取り、しばしば集まっては絆を強めています。そんな大家族が一堂に会する大イベントは、何といっても結婚式です。結婚式には、自分のはとこまで誘わなければなりません。もし誘った人に家族がいれば、その家族全員が式にやってきます。

　結婚式は家族が中心の行事なので、仕事の関係者は基本的に呼ばれません。招待者は、親戚と友人だけで100人を超えることも。遠い親戚が同じテーブルを囲めば、お互いに仲良くなるよい機会になり、そのおかげで大家族の絆もどんどん強くなります。

　結婚式の披露宴は、昼食が始まる午後1時頃から午後8時頃まで延々と続き（夜中まで続く場合も）、食事やダンス、ゲームなどを楽しみます。ウェディングケーキが出てくるのは午後7時頃。披露宴が終わるまで誰も帰れず、料理は絶対に残せません。料理の数と量が多いので、結婚式の前日には食事を摂らない人もいます。

PARTE **2**

# イタリア語の
# 基本ルール

# 名詞

## 男性名詞と女性名詞

音声 07

### ●単語自体に性がある

イタリア語の名詞はすべて男性名詞と女性名詞に分かれています。その単語を使う人の性別とは関係なく、単語自体が性を持っているのです。

### ●名詞の語尾は3タイプ

男性名詞の語尾はほとんどが -o、女性名詞の語尾はほとんどが -a です。また、語尾が -e の名詞は男性/女性いずれの場合もありますが、比較的数が少ないので、例外としてその都度覚えましょう。

| 男性名詞 | 女性名詞 |
|---|---|
| gelato（ジェラート）<br>ジェラート | pizza（ピザ）<br>ピッツァ |
| 語尾が -o | 語尾が -a |

学習の
ポイント
- -oで終わる「男 (otoko)」＝男性名詞
- -aで終わる「女 (onna)」＝女性名詞
と覚えましょう。

| dolce（デザート）<br>ドルチェ | stazione（駅）<br>スタツィオーネ |
|---|---|
| 語尾が -e | |

イタリア語の発音では、性と数を表す最後の母音がとても重要です。単語の語尾にアクセントがない場合でも、最後の母音をはっきりと発音するように心がけましょう。

# 単数形と複数形

音声
08

## ●複数形で語尾が変化するもの

イタリア語の名詞は、複数形で次のように語尾が変化します。

| 男性名詞 |
|---|
| 単数形 gelato ジェラート |
| ↓ |
| 複数形 gelati ジェラーティ |

語尾 -o → -i に変化

| 女性名詞 |
|---|
| 単数形 pizza ピッツァ |
| ↓ |
| 複数形 pizze ピッツェ |

語尾 -a → -e に変化

単数形 dolce ドルチェ
↓
複数形 dolci ドルチ

単数形 stazione スタツィオーネ
↓
複数形 stazioni スタツィオーニ

語尾 -e → -i に変化

## ●複数形でも語尾が変化しないもの

語尾（母音）にアクセント記号が付く名詞と外来語は、複数形でも語尾が変化しません。

●語尾にアクセント記号が付く名詞

città（市）
チッター

università（大学）
ウニヴェルスィター

tiramisù（ティラミス）
ティラミスー

●外来語

yogurt（ヨーグルト）
ヨーグルトゥ

computer（コンピューター）
コンピューテル

**しっかり覚えたい 基本ルール②**

# 冠 詞

## 不定冠詞

特定されていないものや数えられる名詞の前に置くのが不定冠詞です。イタリア語の不定冠詞には uno（ウーノ）（数字の「1」）が使われ、名詞の性や語頭の文字によって、次のように形が変化します。

| **不定冠詞 ＋ 男性名詞** | **不定冠詞 ＋ 女性名詞** |
|---|---|

●一般

**un** panino（パニーニ）
ウン　　パニーノ

●「s＋子音」「z」で始まる名詞

**uno** specchio（鏡）
ウーノ　　スペッキョ

> **uno** が使われる名詞はあまりないので、迷った時は **un** を使ってみましょう。

●一般

**una** birra（ビール）
ウナ　　ビルラ

●母音で始まる名詞

**un'arancia**（オレンジ）
ウナランチャ

※un' は続く名詞とくっつきます。

> **un'** を使わずに **una arancia** としてもOKです。

24

# 定冠詞

音声
10

　特定されているものや総称として表すもの、すでに話題にのぼっている名詞の前に置くものが定冠詞です。名詞の性と語頭の文字の他、単数か複数かによっても形が変化します。

| 定冠詞 ＋ 男性名詞 |
| --- |

●一般

単数形 **il** panino
イル　パニーノ
↓
複数形 **i** panini
イ　パニーニ

il → i に変化

●母音で始まる名詞

単数形 **l'**albero（木）
ラールベロ
↓ ※l'は続く名詞とくっつきます。
複数形 **gli** alberi
ッリィ　アールベリ

l' → gli に変化

●「s＋子音」「z」で始まる名詞

単数形 **lo** zaino（リュック）
ロ　ザーイノ
↓
複数形 **gli** zaini
ッリィ　ザーイニ

lo → gli に変化

| 定冠詞 ＋ 女性名詞 |
| --- |

●一般

単数形 **la** pizza
ラ　ピッツァ
↓
複数形 **le** pizze
レ　ピッツェ

la → le に変化

●母音で始まる名詞

単数形 **l'**oliva（オリーブの実）
ロリーヴァ
↓
複数形 **le** olive
レ　オリーヴェ

l' → le に変化

定冠詞がわからなかったら省略しても大丈夫。名詞だけでも意味は通じます。

# 前置詞

## 方向や場所などを表す

名詞の前に置いて、方向や場所、所有や出身などを表すのが前置詞です。

### ●～へ、～で、～に（方向、場所）

**in**
イン

イタリアへ/で/に
### in Italia
イニターリア

> 名詞が国名、州名の場合は、このように **in** を使います。

定冠詞と結びつくと次の形になります。

|  | il | la | lo | i | le | gli |
|---|---|---|---|---|---|---|
| in＋定冠詞 | nel<br>ネル | nella<br>ネッラ | nello<br>ネッロ | nei<br>ネイ | nelle<br>ネッレ | negli<br>ネッリィ |

※定冠詞が l' の場合：nell'armadio[ネッラルマーディオ]（洋服だんすの中）

### ●～へ、～で、～に（方向、場所）

**a**
ア

ローマへ/で/に
### a Roma
ア　ルローマ

> 名詞が都市名の場合は、このように **a** を使います。

|  | il | la | lo | i | le | gli |
|---|---|---|---|---|---|---|
| a＋定冠詞 | al<br>アル | alla<br>アッラ | allo<br>アッロ | ai<br>アイ | alle<br>アッレ | agli<br>アッリィ |

※定冠詞が l' の場合：all'amica[アッラミーカ]（女友だちに）

### ●～の（所有）、～出身

**di**
ディ

ヒロシの
### di Hiroshi
ディ　ヒロシ

東京出身
### di Tokyo
ディ　トウキョウ

|  | il | la | lo | i | le | gli |
|---|---|---|---|---|---|---|
| di＋定冠詞 | del<br>デル | della<br>デッラ | dello<br>デッロ | dei<br>デイ | delle<br>デッレ | degli<br>デッリィ |

※定冠詞が l' の場合：dell'amico[デッラミーコ]（男友だちの）

## ●～のために（目的）、～行き（行き先）

**per**
ペル

イタリア語を勉強するために
**per** studiare italiano
ペル　ストゥディアーレ　イタリアーノ

フィレンツェ行きの電車
un treno **per** Firenze
ウン　トゥレーノ　ペル　フィレンツェ

> 電車やバスなどの行き先を表すには、このように
> **per**を使います。

## ●～から（出発点）

**da**
ダ

フィレンツェからの電車
un treno **da** Firenze
ウン　トゥレーノ　ダ　フィレンツェ

| | il | la | lo | i | le | gli |
|---|---|---|---|---|---|---|
| da＋定冠詞 | dal<br>ダル | dalla<br>ダッラ | dallo<br>ダッロ | dai<br>ダイ | dalle<br>ダッレ | dagli<br>ダッリィ |

※定冠詞がl'の場合：dall'amica［ダッラミーカ］（女友だちから）

## ●～入り（付属）、～で（手段）、～と（同伴）

**con**
コン

氷入り
**con** ghiaccio
コン　ギャッチョ

## ●～なしで

**senza**
センツァ

氷なし
**senza** ghiaccio
センツァ　ギャッチョ

27

## しっかり覚えたい 基本ルール④

# 形容詞

## 名詞の性と数で変化

形容詞は基本形の語尾が -o と -e の2種類があり、それぞれ名詞の性と数に合わせて変化します。語順は通常、日本語とは逆の「名詞＋形容詞」になります。

※例外として、形容詞を名詞の前に置く場合もあります。

### ●語尾が -o の形容詞

イタリア語の形容詞のほとんどは語尾が -o です。rosso（赤い）という形容詞を名詞のあとに置いて、その語尾変化を見てみましょう。

男性名詞 ＋ 形容詞

●赤ワイン

基本形

単数形 vino rosso
ヴィーノ　ルロッソ

複数形 vini rossi
ヴィーニ　ルロッスィ

語尾 -o → -i に変化

女性名詞 ＋ 形容詞

●赤いかばん

語尾 -o → -a に変化

単数形 borsa rossa
ボルサ　ルロッサ

複数形 borse rosse
ボルセ　ルロッセ

語尾 -o → -e に変化

●赤いセーター

単数形 maglione rosso
マッリョーネ　ルロッソ

基本形

複数形 maglioni rossi
マッリョーニ　ルロッスィ

語尾 -o → -i に変化

男性名詞＝単数形では形容詞は基本形のまま、複数形では語尾が -i になります。
女性名詞＝単数形では形容詞の語尾が -a、複数形では語尾が -e になります。

## ●語尾が -e の形容詞

語尾が -e の形容詞は比較的少ないです。grande（大きい）という形容
詞を名詞のあとに置いて、その語尾変化を見てみましょう。

男性名詞 + 形容詞

●大きなパニーニ

基本形

単数形 panino **grande**
パニーノ　　　グランデ
↓
複数形 panini **grandi**
パニーニ　　　グランディ

語尾 -e → -i に変化

女性名詞 + 形容詞

●大きなモッツァレラチーズ

基本形

単数形 mozzarella **grande**
モッツァレッラ　　　グランデ
↓
複数形 mozzarelle **grandi**
モッツァレッレ　　　グランディ

語尾 -e → -i に変化

●大きな駅

基本形

単数形 stazione **grande**
スタツィオーネ　　　グランデ
↓
複数形 stazioni **grandi**
スタツィオーニ　　　グランディ

語尾 -e → -i に変化

名詞の性にかかわらず、単数形では形容詞は基本形のまま、複数形では語尾が **-i** に
なります。

29

# 対象の性と数で変化

　形容詞は名詞と組み合わせずに、単体で使うこともできます。その場合、話す対象となる相手の性と数に合わせて、語尾が変化します。

　例えば、「ブラボー（bravo）」はイタリア語の形容詞で、意味は「上手な、偉い」です。劇場にオペラを聴きに行って、舞台上に声をかける場合などは、歌手の性と数によって語尾を変化させる必要があります。

●1人の男性に対して

## Bravo!
ブラーヴォ

●1人の女性に対して

## Brava!
ブラーヴァ

●複数の男性、または男性＋女性に対して

## Bravi!
ブラーヴィ

●複数の女性に対して

## Brave!
ブラーヴェ

## しっかり覚えたい 基本ルール⑤

# 副詞

## 程度を表す

音声 14

　形容詞の前に置いて、程度を表せるのが副詞です。「（値段が）高い」という意味の形容詞 caro（カーロ）に副詞を組み合わせてみましょう。

●とても～

**molto**
モルト

とても高い
**molto** caro
モルト　　カーロ

●少し～

**un po'**
ウン　ポー

少し高い
**un po'** caro
ウン　ポー　　カーロ

※po' は「少しの」という意味の
poco［ポーコ］の短縮形です。

●～すぎる

**troppo**
トゥロッポ

高すぎる
**troppo** caro
トゥロッポ　　カーロ

●より～

**più**
ピュー

より高い
**più** caro
ピュー　カーロ

●それほど～ない

**meno**
メノ

それほど高くない
**meno** caro
メノ　　カーロ

31

**しっかり覚えたい 基本ルール⑥**

# 動詞

## 3グループが主語で変化  音声 15

動詞は原形の語尾によって「-are動詞」「-ere動詞」「-ire動詞」に分かれます。

**-are動詞**

mangiare（食べる）
マンジャーレ

abitare（住む）など
アビターレ

**-ere動詞**

bere（飲む）
ベーレ

leggere（読む）など
レッジェレ

**-ire動詞**

dormire（寝る）
ドルミーレ

aprire（開く）など
アプルリーレ

### ●主語の人称と数で変化する

イタリア語の動詞は主語の人称と数に合わせて形が変化します。まずは動詞の活用に影響を与える主語代名詞を覚えましょう。

| | 単数 | 複数 |
|---|---|---|
| 一人称 | 私<br>io<br>イオ | 私たち<br>noi<br>ノイ |
| 二人称 | 君<br>tu カジュアル / Lei フォーマル<br>トゥ　　レイ　　あなた<br>※Leiの「L」は文中でも大文字で書かれます。 | 君たち、あなたたち<br>voi<br>ヴォイ |
| 三人称 | 彼　　彼女<br>lui / lei<br>ルイ　　レイ | 彼ら<br>loro<br>ローロ |

※動詞は主語に合わせて語尾変化するので、その形から主語が判断できます。そのため、主語代名詞は省略されることがあります。

32

規則変化動詞の場合、3グループの語尾変化は次の通りです。人称ごとに語尾が共通というパターンが多く見られます。まず覚えたいのは、どの動詞でも語尾が共通の「私」「君」「私たち」が主語の場合の活用形です。

| | | | -are動詞 | -ere動詞 | -ire動詞 |
|---|---|---|---|---|---|
| 単数 | 一人称 | io(私) | -o | | |
| | 二人称 | tu(君) | -i | | |
| | 三人称 | lui(彼)/lei(彼女) | -a | -e | |
| 複数 | 一人称 | noi(私たち) | -iamo | | |
| | 二人称 | voi(君たち、あなたたち) | -ate | -ete | -ite |
| | 三人称 | loro(彼ら) | -ano | -ono | |

※これらの活用パターンに当てはまらず、不規則変化する動詞もあります。

## ●動詞の活用例

主語が「私」「君」「私たち」の場合の動詞の活用形を見てみましょう。

| | | mangiare | bere | dormire |
|---|---|---|---|---|
| 主語が「私」 | io + | mangio<br>マンジョ | bevo<br>ベーヴォ | dormo<br>ドルモ |
| 主語が「君」 | tu + | mangi<br>マンジ | bevi<br>ベーヴィ | dormi<br>ドルミ |
| 主語が「私たち」 | noi + | mangiamo<br>マンジャーモ | beviamo<br>ベヴィャーモ | dormiamo<br>ドルミャーモ |

※mangiare は主語が「君」「私たち」の場合、語幹 mangi の最後の「i」と語尾変化の「i」が1つになります。
※bere はもともと原形が bevere だったので、語幹 bev の活用になります。

# 疑問詞

## 形が変化しないもの

音声 16

疑問詞には、対象の性や数によって形が変化するものと、しないものがあります。まずは変化しないものを見てみましょう。

●何（どの＋物）

**che cosa**
ケッコーザ

●何時（どの＋時間）

**che ora**
ケ　　オーラ

●どのように、どうやって

**come**
コーメ

●いつ

**quando**
クワンド

●どこ

**dove**
ドーヴェ

●どうして

**perché**
ペルケー

# 形が変化するもの

形が変化する疑問詞については、簡単な疑問文と一緒に見てみましょう。

●いくつ、どれだけ

男性・単数

## quanto
クワント

いくらですか?
**Quanto** costa?
クワント　コスタ

女性・単数

## quanta
クワンタ

あなたはパスタをどれだけ食べる?
**Quanta** pasta mangi?
クワンタ　パスタ　マンジ

男性・複数

## quanti
クワンティ

何日間ですか?
**Quanti** giorni?
クワンティ　ジョルニ

女性・複数

## quante
クワンテ

何人ですか?
**Quante** persone?
クワンテ　ペルソーネ

●どれ

単数

## quale
クワーレ

どのかばんですか?
**Quale** borsa?
クワーレ　ボルサ

複数

## quali
クワーリ

どの手袋ですか?
**Quali** guanti?
クワーリ　グワンティ

> 疑問詞 **quale/quali** は対象の性にかかわりなく、単数形か複数形かで変化します。

# 時制について

## イタリア語学習のコツ

### ●3つの時制をおさえる!

　イタリア語には時制がたくさんありますが、実際に日常会話でよく使われるのは3種類だけ。基本の時制は①現在形、②近過去、③半過去です。

　基本の時制をマスターすれば、日常会話で困ることはありません。

### ①現在形

　日本語の現在形と同じように、現在に起きることや近い未来に起きることだけでなく、遠い未来に起こることも表現できます。

## ②近過去

　近過去といっても実は普通の過去形なので、過去の話なら、5秒前（近い過去）の話でも、5億年前（遠い過去）の話でもOK。近過去は、1回、もしくは回数がはっきりしている過去の動作を表します。

※文学で使われる「遠過去」と区別するために近過去と呼ばれています。

私は10年前
サッカーをした

## ③半過去

　半過去は過去に継続した動作「〜していた」を表します。また、過去に継続した状態「〜だった」も表し、この場合は動詞 essere の半過去がよく使われます。

昨日は雨だった

# 現在形

## よく使う2つの動詞

音声 18

現在形を使うと、現在の状態や状況を表すことができます。

まず覚えておきたいのは、さまざまな場面で使うことができる動詞 essere（エッセレ）（～である）と avere（アヴェーレ）（～を持っている）です。この2つはいずれも不規則変化動詞で、ほぼまるごと形が変わります。なかでも会話でよく使われる「私」「君」「私たち」が主語の場合の活用形から覚えましょう。

**学習の ポイント** よく使う活用形から覚えよう!

| | | | | essere（～である） | avere（～を持っている） |
|---|---|---|---|---|---|
| 単数 | 一人称 | io（私） | + | sono<br>ソーノ | ho<br>オ |
| | 二人称 | tu（君） | + | sei<br>セーイ | hai<br>アーイ |
| | 三人称 | lui（彼）/<br>lei（彼女） | + | è<br>エ | ha<br>ア |
| 複数 | 一人称 | noi（私たち） | + | siamo<br>スィアーモ | abbiamo<br>アッビャーモ |
| | 二人称 | voi（君たち、<br>あなたたち） | + | siete<br>スィエーテ | avete<br>アヴェーテ |
| | 三人称 | loro（彼ら） | + | sono<br>ソーノ | hanno<br>アンノ |

※主語が「私」「君」「私たち」の場合の語尾 -o/-i/-iamo は、他の動詞でも共通です。
※主語が「あなた」＝ Lei［レイ］の場合は、lui/lei と同じ活用になります。

では、シンプルな文型で essere と avere の使い方を見てみましょう。

## ● **essere** の使い方

● 〜です。

<ruby>Io<rt>イオ</rt></ruby> **<ruby>sono<rt>ソーノ</rt></ruby>** <ruby>giapponese.<rt>ジャッポネーゼ</rt></ruby> ＝私は日本人です。

私　　である　　　日本人

※平叙文の基本文型は「主語＋述語＋目的語」。主語は省略することも可能です。

● 〜います。

<ruby>Io<rt>イオ</rt></ruby> **<ruby>sono<rt>ソーノ</rt></ruby>** <ruby>in hotel.<rt>イノテル</rt></ruby> ＝私はホテルにいます。

私　　いる　　〜に　ホテル

## ● **avere** の使い方

● 〜持っています。

<ruby>Tu<rt>トゥ</rt></ruby> **<ruby>hai<rt>アーイ</rt></ruby>** <ruby>un gatto?<rt>ウン ガット</rt></ruby> ＝君は猫を飼っている？

君　持っている　（1匹の）猫

※平叙文の語順のまま、文末に「？」を付けるだけで疑問文になります。

● 〜です。

<ruby>Io<rt>イオ</rt></ruby> **<ruby>ho<rt>オ</rt></ruby>** <ruby>30<rt>トゥレンタ</rt></ruby> <ruby>anni.<rt>アンニ</rt></ruby> ＝私は30歳です。　　※avere はこのように年齢を表す

私　である　30　　歳　　　　　　　　　　　　　場合にも使われます。

 **イタリア語の敬語**

　イタリア語の敬語はとても簡単です。敬語になるのは主語が二人称のフレーズだけで、<ruby>tu<rt>トゥ</rt></ruby>（君）を <ruby>Lei<rt>レイ</rt></ruby>（あなた）に替えるだけ。動詞は三人称単数の活用になります。

**君はイタリア人（男性）？**　　　　**あなたはイタリア人（男性）ですか？**

**Tu** sei italiano?　──→　**Lei** è italiano?

<ruby>トゥ セーイ イタリアーノ<rt> </rt></ruby>　　　　　　<ruby>レイ エ イタリアーノ<rt> </rt></ruby>

※相手が女性の場合、「イタリア人」は女性形の italiana［イタリアーナ］になります。

# 近過去

## 近過去とは

　近過去を使うと、1回、もしくは回数がはっきりしている過去の動作を表すことができます。近過去にはp.38の avere/essere <rt>アヴェーレ</rt><rt>エッセレ</rt>と動詞をセットにして使います。どちらを使うかは、続く動詞によって決まりますが、ほとんどは［avere＋動詞の過去分詞］になります。

## 助動詞 avere を使って

　avere のあとに置く過去分詞は、すべての主語代名詞で共通の活用形です。「食べる」「飲む」「寝る」の過去分詞を見てみましょう。

|  | | 助動詞 | 動詞の過去分詞 | | |
|---|---|---|---|---|---|
|  | | avere | mangiare（食べる） | bere（飲む） | dormire（寝る） |
| 主語代名詞 | io（私） | ho | **mangiato**<br>マンジャート<br>＝食べた | **bevuto**<br>ベヴート<br>＝飲んだ | **dormito**<br>ドルミート<br>＝寝た |
|  | tu（君） | hai |  |  |  |
|  | lui（彼）/lei（彼女） | ha | -are動詞のほとんどは-are→-atoになります。 | -ere動詞のほとんどは不規則変化します。 | -ire動詞のほとんどは-ire→-itoになります。 |
|  | noi（私たち） | abbiamo |  |  |  |
|  | voi（君たち、あなたたち） | avete |  |  |  |
|  | loro（彼ら） | hanno |  |  |  |

**学習のポイント** avere のあとの過去分詞の活用形は、すべての主語代名詞で共通!

オ　　マンジャート　ウン　　ポモドーロ
# Ho **mangiato** un pomodoro. ＝トマトを食べました。
食べた　　　　　（1つの）トマト

オ　　ベヴート　ウナ　　スプレムータ
# Ho **bevuto** una spremuta. ＝生ジュースを飲みました。
飲んだ　　　（1杯の）生ジュース

イエーリ アーイ　ドルミート　　ベーネ
# Ieri hai **dormito** bene? ＝昨日はよく眠れた？
昨日　　　　　寝た　　　　よく

PARTE **2**

イタリア語の基本ルール

## 助動詞 essere を使って

音声 20

移動を表す動詞などでは、essere が助動詞として使われます。essere のあとに置く過去分詞は、主語の性と数によって語尾変化します。

**学習の ポイント** 語尾変化は 形容詞と同じ パターン！

| | | | 助動詞 | | 動詞の過去分詞 | |
|---|---|---|---|---|---|---|
| | | | essere | | andare（行く） | |
| | | | | | 男性 | 女性 |
| 主語代名詞 | 単数 | io（私） | **sono** | + | **andato** アンダート | **andata** アンダータ |
| | | tu（君） | **sei** | | | |
| | | lui（彼）/lei（彼女） | è | | ＝行った | |
| | 複数 | noi（私たち） | **siamo** | + | **andati** アンダーティ | **andate** アンダーテ |
| | | voi（君たち、あなたたち） | siete | | | |
| | | loro（彼ら） | sono | | | |

※主語が複数の男女の場合は、男性の複数形 andati を使います。

ノイ　スィアーモ　アンダーティ ア　フィレンツェ
# Noi siamo **andati** a Firenze.
私たち　　　　行った　　　フィレンツェへ

＝私たちはフィレンツェへ行きました。

# 半過去

## 半過去とは

　半過去を使うと、過去の状態を表すことができます。半過去では、動詞
は人称と数によって形が変わる特有の活用になります。

## essere を使って

音声
21

　半過去でよく使われる動詞 essere（～である）の活用を見てみましょう。
特に覚えておきたいのは、よく使う三人称単数と三人称複数の活用形
です。

| 学習の<br>ポイント | よく使う活用形から<br>覚えよう！ | | | essere<br>（～である） |
|---|---|---|---|---|
| 単数 | 一人称 | io（私） | ＋ | ero<br>エーロ |
| | 二人称 | tu（君） | ＋ | eri<br>エーリ |
| | 三人称 | lui（彼）/<br>lei（彼女） | ＋ | **era**<br>エーラ |
| 複数 | 一人称 | noi（私たち） | ＋ | eravamo<br>エラヴァーモ |
| | 二人称 | voi（君たち、<br>あなたたち） | ＋ | eravate<br>エラヴァーテ |
| | 三人称 | loro（彼ら） | ＋ | **erano**<br>エーラノ |

## ● essere の半過去

イル ネゴツィオ エーラ キューゾ
## Il negozio **era** chiuso. ＝店は閉まっていました。
その店　　 だった　 終わった

チェーラノ タンテ ペルソーネ
## C'**erano** tante persone. ＝人が多かった。
いた　　 たくさんの　 人々

※ C' は、場所を表す副詞 ci の短縮形。essere の半過去と組み合わせて「（そこに）いた」という
意味になります。

音声
22

# fare を使って

　半過去では天候を表す場合に動詞 fare（する、作る）が使われます。日
常会話では三人称単数の活用形 faceva だけ覚えておけば大丈夫です。
（ファーレ）（ファチェーヴァ）

## ● fare の半過去

イエーリ ファチェーヴァ カルド
## Ieri **faceva** caldo. ＝昨日は暑かった。
昨日　　 だった　 暑い

※気候の表現では主語は省略されます。

イエーリ ファチェーヴァ フレッド
## Ieri **faceva** freddo. ＝昨日は寒かった。
昨日　　 だった　 寒い

# おさらい練習問題

① 次の形容詞を適切な語尾に変化させ（もしくは基本形のまま）、名詞の右隣の空欄部分に記入してください。

1. 形容詞 **buono**（おいしい）

dolce ☐

dolci ☐ （おいしいデザート）

mozzarella ☐

mozzarelle ☐ （おいしいモッツァレラチーズ）

2. 形容詞 **veloce**（速い）

treno ☐

treni ☐ （速い電車）

macchina ☐

macchine ☐ （速い自動車）

**②** 次の -are/-ere/-ire 動詞をそれぞれ適切な語尾に変化させて、
空欄部分に記入してください。

**1.** 動詞 **mangiare**（食べる）

Io ［　　　　　　　　］ una pizza.
（私はピザを食べます）

Noi ［　　　　　　　　］ poca pasta.
（私たちはパスタを少し食べます）

**2.** 動詞 **bere**（飲む）

Io ［　　　　　　　　］ una birra.
（私はビールを飲みます）

Noi ［　　　　　　　　］ tanta acqua.
（私たちは水をたくさん飲みます）

**3.** 動詞 **dormire**（寝る）

Io ［　　　　　　　　］ presto.
（私は早く寝ます）

Noi ［　　　　　　　　］ bene.
（私たちはよく寝ます）

**解答：** ① **1.** buono／buoni／buona／buone **2.** veloce／veloci／veloce／veloci
② **1.** mangio／mangiamo **2.** bevo／beviamo **3.** dormo／dormiamo

## pausa caffè　イタリアの「話す」文化

　イタリア人にとって、話すことは大きな楽しみの一つです。話し相手がいなければ何をしても楽しくありません。ですから、イタリア人は一人暮らしや一人旅が苦手です。特に、一人で外食をするというのは、イタリア人には考えられません。なぜならいつでもどこでも、話し相手と意見の交換をしたいからです。

　そんなイタリアの文化は「書く」より「話す」文化です。幼い頃から、家族や友だちからはもちろん、学校、社会からも話すことを求められます。例えば、イタリアでは小学校から、ほとんどの宿題と試験が口頭形式で出されます。授業中には先生からミニスピーチの指名をされることがあるため、学生は普段からスピーチの練習が欠かせません。学科にもよりますが、筆記試験が一つもなく、口頭試験だけ、という大学もあります。

　イタリア語上達のための近道は、やはり話すことです。単語を覚える時も、文章を読む時も、文字をただ目で追って暗記するより、どんどん声に出して覚えていきましょう。

PARTE 3

# 通じればOK!
# カタコトフレーズ

ブォンジョルノ!

Buongiorno 〜♪

# あいさつ

 こんにちは！（おはようございます！）

## Buongiorno! フォーマル

ブオンジョルノ

 こんばんは！

## Buonasera! フォーマル

ブオナセーラ

 やあ！

## Ciao! カジュアル

チャオ

> 人と出会った時はもちろん、別れる時にも使えます。使う時間帯は一日中いつでもOK。

 はじめまして！（こちらこそ！）

## Piacere!

ピャチェーレ

> 初対面のあいさつ。「こちらこそ」と答える時も、同じ piacere です。

💬 さようなら!
# Arrivederci! `フォーマル`
アリヴェデルチ

人と別れる時のあいさつ。店やホテルなどを出る時や電話を切る時も使います。

通じればOK! カタコトフレーズ

💬 おやすみなさい!
# Buonanotte!
ブオナノッテ

💬 また明日!
# A domani!
ア　　　　ドマーニ

 **pausa caffe** 初めての店で声をかける時

　イタリアでは店に入る時、客のほうから先に店員にあいさつをしなければ失礼な客と思われます。では、フォーマルな「Buongiorno」とカジュアルな「Ciao」のどちらを使えばよいでしょうか?

　初めて行く店では、まず「Buongiorno」とあいさつして、雰囲気を確認してみましょう。もしスタッフが「Ciao」と答えたら、そのあとは「Ciao」を使えばよいのです。

# 様子を尋ねる

💬 お元気ですか？

## Come sta? `フォーマル`

コーメ　　　スタ

> 相手が1人の場合の丁寧な表現です。

※staは人の状態（〜でいる）を表す動詞stare［スターレ］のLei（あなた）の活用形です。

💬 とても元気です。あなたは？

## Benissimo. E Lei? `フォーマル`

ベニッスィモ　　　　エ　　レイ

💬 元気？

## Come stai? `カジュアル`

コーメ　　　スタイ

> 相手が1人の場合のカジュアルな表現です。

※staiは動詞stareのtu（君）の活用形です。

💬 元気だよ。君は？

## Bene. E tu? `カジュアル`

ベーネ　　　エ　トゥ

💬 お元気ですか？

## Come state?

コーメ　　　スターテ

> 相手が複数の場合の表現です。

※stateは動詞stareのvoi（君たち、あなたたち）の活用形です。

💬 まあまあです。あなたたち（君たち）は？

## Così così. E voi?

コズィー　　　コズィー　　　エ　　ヴォイ

💬 調子はどう?

# Come va?
コーメ　　　ヴァ

※vaは「行く」という意味の動詞andare[アンダーレ]の
lui/leiの活用形です。

💬 悪くないです。

# Non c'è male.
ノン　　　チェ　　　マーレ

💬 悪いです。

# Male.
マーレ

・・・・・・・・・・・・・・・・・・・・・・・・・・・・・・・・・・・・・・・・・・・

💬 どうしましたか?

# Che cosa c'è?
ケッコーザ　　　　チェ

💬 頭が痛いです。

# Ho mal di testa.
オ　　　マル　　　ディ　　　テスタ

> testa（頭）を denti（歯）や pancia（腹）などに
> デンティ　　　　　　　　パンチャ
> 入れ替えて使うこともできます。

💬 疲れています。

# Sono stanco.
ソーノ　　　　スタンコ

> stanco（疲れた）は男性が言う表現。女性が言う
> 場合は stanca になります。
> スタンカ

51

# おれとおわび

音声 25

💬 ありがとう。
## Grazie.
グラツィエ

💬 どういたしまして。
## Prego.
プレーゴ

> prego は他に「どうぞ」という意味でも使われます。

💬 どうもありがとう。
## Grazie molte.
グラツィエ　　　モルテ

💬 いろいろとありがとう。
## Grazie di tutto.
グラツィエ　　ディ　　トゥット

💬 心からありがとう。
## Grazie di cuore.
グラツィエ　　ディ　　クオーレ

失礼しました。

# Scusi. フォーマル

スクーズィ

軽いおわびの他、店員などに「すみません」と声をかける時にも使います。

 ごめんね。

# Scusa. カジュアル

スクーザ

---

💬 申し訳ありません。

# Mi dispiace.

ミ　　　　　ディスピャーチェ

scusi/scusa は比較的軽いおわびなので、きちんと謝りたい時はこの表現です。「お気の毒に」（p.58参照）という意味でも使います。

# 返事とあいづち

💬 はい（大丈夫です）。

## Sì.

スィ

> エ ジャッポネーゼ
> È giapponese?（あなたは日本人ですか?）など
> の簡単な質問には、sì だけで答えればOKです。

. . . . . . . . . . . . . . . . . . . . . . . . . . . . . . . . . .

💬 いいえ（違います）。

## No.

ノ

. . . . . . . . . . . . . . . . . . . . . . . . . . . . . . . . . .

💬 はい、いいですよ。

## Sì, grazie.

スィ　　　グラツィエ

. . . . . . . . . . . . . . . . . . . . . . . . . . . . . . . . . .

💬 いいえ、結構です。

## No, grazie.

ノ　　　　グラツィエ

> 相手が提案したことを断る場合の表現
> です。

もちろん!
# Certo!
チェルト

通じればOK! カタコトフレーズ

---

 本当にそうだね!
# È vero!
エ　　ヴェーロ

> 「本当ですか?」なら Davvero? になり
> ます。
> (ダッヴェーロ)

---

 そうだといいね!
# Magari!
マガーリ

---

 オーケーです。
# Va bene.
ヴァ　　　ベーネ

> 「わかりました」「了解です」という意味
> の表現です。

OK!

55

# お願いする

音声 27

💬 チェックインをお願いします。

## Check in, per favore.

チェッキン　　　　　　　ペル　　　ファヴォーレ

> per favore は何かをお願いする時に
> 一番よく使われる表現。カジュアル／
> フォーマルを問わずに使えます。

💬 チェックアウトをお願いします。

## Check out, per favore.

チェッカウトゥ　　　　　　ペル　　ファヴォーレ

> 「check in」「check out」など、イタ
> リア語の発音で読めばそのまま使える
> 英語もあります。

💬 タクシーを1台お願いします。

## Un taxi, per favore.

ウン　　タクスィー　　ペル　　ファヴォーレ

💬 コロッセオへ行ってください。

# Al Colosseo, per favore.
アル　　　コロッセオ　　　　ペル　　　ファヴォーレ

> 行き先のあとに per favore を続ける
> だけでOKです。

- - - - - - - - - - - - - - - - - - - - - - - - - - - - - -

💬 この住所へ行ってください。

# A questo indirizzo, per favore.
ア　　　クエスト　　　　インディリッツォ　　　ペル　　　ファヴォーレ

> 形容詞 questo（この）＋indirizzo（住
> 所）で「この住所」。住所を書いたメモ
> などを見せながら言いましょう。

- - - - - - - - - - - - - - - - - - - - - - - - - - - - - -

💬 メニューをください。

# Il menù, per favore.
イル　　　メヌー　　　　ペル　　　ファヴォーレ

- - - - - - - - - - - - - - - - - - - - - - - - - - - - - -

💬 お会計をお願いします。

# Il conto, per favore.
イル　　　コント　　　　ペル　　　ファヴォーレ

# 感情表現

💬 なんて楽しいんでしょう!

## Che bello!

ケ　　　　ベッロ

💬 私は幸せです。

## Sono felice.

ソーノ　　　　フェリーチェ

> 副詞 molto（モルト）（とても）を加えれば、Sono molto felice.（私はとても幸せです）と喜びをさらに強調した表現になります。

💬 私は悲しい（寂しい）です。

## Sono triste.

ソーノ　　　　トゥリステ

💬 残念ですね!

## Peccato!

ペッカート

💬 お気の毒に。

## Mi dispiace.

ミ　　　　ディスピャーチェ

💬 どうしよう！（びっくりした！）
# Mamma mia!

マンマ　　　　ミア

> 驚いたり困った時に使います。直訳すると「私のお母さん！」。子どもが母親に助けを求めるようなニュアンスです。

💬 私はイタリアが大好きです！
# Io amo l'Italia!

イオ　　アーモ　　　リターリア

> amo は主語が「私」の場合の動詞 amare（愛する、大好きだ）の活用形です。

💬 私たちはフィレンツェが大好きです！
# Noi amiamo Firenze!

ノイ　　　　　アミャーモ　　　　　フィレンツェ

> amiamo は主語が「私たち」の場合の活用形です。国名には定冠詞が付きますが、都市名には付きません。

### 「教会の鐘楼」という名の郷土愛

　イタリアには campanilismo［カンパニリズモ］と呼ばれる郷土愛があります。その語源は「教会の鐘楼」campanile［カンパニーレ］。自分が生まれた街の教会の鐘の音しか聞かないという意味があり、とても強い郷土愛を表します。

　旅先では、ある街にいる間に、別の街をほめることは控えたほうがいいかもしれません。

# 感嘆表現

音声 29

💬 素晴らしい!

## Che meraviglia!
ケ　　　　　メラヴィッリャ

💬 頭にくる!

## Che rabbia!
ケ　　　ルラッビャ

💬 暑いですね!

## Che caldo!
ケッカルド

💬 寒いですね!

## Che freddo!
ケッフレッド

💬 なんておいしいんでしょう!

> 形容詞 buono（おいしい）は、食べ物の性と数に合わせて形が変化します。

| 食べ物＝男性名詞 | 食べ物＝女性名詞 |

**単数**

panino
パニーノ

pizza
ピッツァ

# Che buono!
ケ　　　ブオーノ

# Che buona!
ケ　　　ブオーナ

**複数**

spaghetti
スパゲッティ

penne
ペンネ

# Che buoni!
ケ　　　ブオーニ

# Che buone!
ケ　　　ブオーネ

pausa caffè 「おいしそう!」と言いたい時は

　イタリア語には日本語の「おいしそう!」に当たる表現はありません。レストランでおいしそうな食べ物が出てきた時は「Che bello!」がおすすめ。「これからおいしい料理を食べるぞ!」という喜びを表すことができます。

　ちなみに、イタリア語には「まずい」に当たる単語がなく、「È immangiabile［エ インマンジャービレ］（食べられるものじゃない）」と表します。

61

**①** 動詞 stare をそれぞれ適切な活用形にして、
Come のあとの空欄部分に記入してください。

■ 相手が1人の場合（丁寧な表現）

Come ⬚ ?（お元気ですか?）

■ 相手が1人の場合（カジュアルな表現）

Come ⬚ ?（元気?）

■ 相手が複数の場合

Come ⬚ ?（お元気ですか?）

**②** 「amo」「amiamo」のいずれか適切なほうを、
空欄部分に記入してください。

Io ⬚ l'Italia!
（私はイタリアが大好きです!）

Noi ⬚ Firenze!
（私たちはフィレンツェが大好きです!）

**③** Cheで始まる感嘆表現と、それぞれの日本語訳として
正しいものを線でつないでください。

Che bello! •          • なんておいしいんでしょう!

Che meraviglia! •          • なんて楽しいんでしょう!

Che buono! •          • 素晴らしい!

Che caldo! •          • 暑いですね!

**解答：** ① sta／stai／state ② amo／amiamo
③ Che bello!＝なんて楽しいんでしょう!／Che meraviglia!＝素晴らしい!／
Che buono!＝なんておいしいんでしょう!／Che caldo!＝暑いですね!

PARTE
3

通じればOK! カタコトフレーズ

# pausa caffè イタリア人の憩いの場

　イタリアの街中にある「バール（Bar）」は、イタリア人の生活に欠かせない存在です。アルコール類だけでなく、コーヒーやソフトドリンク、ジェラートなどもあり、時間帯によって次のようなさまざまな楽しみ方があります。

## 朝食（5時〜8時半頃）

　朝は基本的に砂糖がけクロワッサンなどの甘いパンしかありません。イタリアの代表的な飲み物といえば、やはりエスプレッソ。カウンターでさっと立ち飲みするのがイタリア流なので、テーブル席のないバールがたくさんあります。

## コーヒータイム（10時〜11時頃）

　仕事中に5分程の休憩を取り、この時間帯に2杯目のエスプレッソを飲みに行きます。お腹が少しすいた人は甘いパンを食べます。

## 食前酒タイム（12時〜13時と19時頃）

　休日や祝祭日など、特別な食事の前にバールに立ち寄り、おつまみと一緒に食前酒（aperitivo［アペリティーヴォ］）を飲みます。ノンアルコールドリンクやカクテルもあります。

## 昼食タイム（13時〜14時半頃）

　定番はイタリア風サンドイッチのパニーノ（panino）ですが、パスタやカットピザ、メインディッシュが用意されているバールもあります。

## 夜（19時〜22時頃）

　基本的に食前酒を提供しており、バールでは食事をしません。食べたあとに一杯、という習慣もありません。

PARTE 4

# その場で役立つ！
# 場面別フレーズ

# 空港で

イタリアでは場所を示す案内標識が少ないので、行きたい所を教えてもらうためのフレーズがとても役立ちます。

## 場所を尋ねる

### ～はどこですか?
# Dov'è ～?
ドヴェ

↑

**dove ＋ è の省略形**

　場所を尋ねる疑問詞 dove（どこ）と動詞 essere（～です）の三人称単数 è を組み合わせた省略形が dov'è です。Dov'è のあとに行きたい場所を加えるだけで、「～はどこですか?」と尋ねることができます。

## トイレはどこですか?

ドヴェ
**Dov'è**
どこですか?

イル　　バンニョ
**il bagno**
トイレ

**?**

### 別の動詞と組み合わせて

疑問詞 dove は別の動詞と組み合わせて使うこともできます。

ドーヴェ　　アンディャーモ　　オッジ
**Dove** andiamo oggi? ＝今日はどこに行きましょうか?
どこ　　　　行く　　　今日

※単数形の dov'è は場所を尋ねる時に使いますが、複数の物がどこにあるかを尋ねる場合は、複数形の dove sono を使います。

66

## キーワード
## Parole chiave 空港にあるもの

Dov'è のあとに次の単語を加えて、どこにあるかを尋ねてみましょう。

■ ターンテーブル
### il nastro bagagli
イル　ナストゥロ　　バガッリ

■ 搭乗ゲート
### l'uscita d'imbarco
ルッシータ　　　　ディンバルコ

■ 警察署
### la polizia
ラ　ポリツィーア

■ エレベーター
### l'ascensore
ラッシェンソーレ

■ バール
### il bar
イル バール

■ 両替所
### l'ufficio cambi
ルッフィチョ　　カンビ

■ ATM
### il bancomat
イル　　バンコマットゥ

ミニ 会話

 **MARIKO**
すみません、税関はどこですか?
**Scusi, dov'è la dogana?**
スクーズィ　ドヴェ　ラ　ドガーナ

 **STAFF**
突き当たって右の、あそこです。
**È lì, in fondo a destra.**
エ　リ　イン　フォンド　ア　デストゥラ

 **MARIKO**
ありがとう。
**Grazie.**
グラツィエ

 **STAFF**
どういたしまして。
**Prego.**
プレーゴ

※お礼の表現grazieは prego とセットで覚えましょう(p.52参照)。

---

**キーワード**
**Parole chiave** 方向を表す

■左に
a sinistra
ア　スィニストゥラ

■上に
su
スー

■突き当たって
in fondo
イン　フォンド

■まっすぐ
dritto
ドゥリット

■下に
giù
ジュー

■右に
a destra
ア　デストゥラ

■裏
dietro
ディエトゥロ

---

**覚えておきたい関連単語** ・・・・・・・・・・・・・・・・・・・・・・・・・・

道を尋ねる時には、目印となる次の単語も覚えておくと便利です。

| □信号 | □交差点 | □角 | □大通り | □建物／ビル |
|---|---|---|---|---|
| semaforo | incrocio | angolo | viale | palazzo |
| セマーフォロ | インクローチョ | アンゴロ | ヴィアーレ | パラッツォ |

● （席は）窓側をお願いします。

# Finestrino, per favore.
フィネストゥリーノ　　　ペル　　ファヴォーレ

※ finestrino（窓側）を corridoio［コルリドーヨ］にすれば、通路側をお願いする表現になります。

PARTE
4
その場で役立つ！ 場面別フレーズ

・・・・・・・・・・・・・・・・・・・・・・・・・・・・・・

● 私はスーツケースを1つと手荷物を1つ持っています。

# Ho una valigia e un bagaglio a mano.
オ　　ウナ　　　ヴァリージャ　エ　ウン　　　バガッリョ　　　ア　　　マーノ

※ bagaglio（荷物）＋a mano（手）で、「手荷物」という意味です。

・・・・・・・・・・・・・・・・・・・・・・・・・・・・・・

● スーツケースを量ってもいいですか？

# Posso pesare la valigia?
ポッソ　　　　ペザーレ　　　ラ　　　ヴァリージャ

※重量超過が心配な場合は、カウンターで預ける前にこのように言って、重さを量りましょう。

・・・・・・・・・・・・・・・・・・・・・・・・・・・・・・

● 国内線はどこですか？

# Dove sono i voli nazionali?
ドーヴェ　　　ソーノ　　イ　ヴォーリ　　　ナツィオナーリ

※ nazionali（国内の）を internazionali
［インテルナツィオナーリ］にすれば、国際線を
尋ねる表現になります。

# タクシーに乗る

イタリアでは、タクシー乗り場からタクシーに乗るか、電話で呼び出すのが一般的です。事前におおよその料金を確認してから、乗るかどうかを決めましょう。

## 運賃を尋ねる

### いくらかかりますか?

# Quanto viene?

クワント　　　　　　　　　ヴィエーネ

**動詞 venire の三人称単数**

viene は動詞 venire（来る）の三人称単数ですが、この慣用句では特別な意味になります。ここでは、疑問詞 quanto（いくつ、どれだけ）とセットで「料金はいくらかかりますか?」という意味になっています。

### コロッセオまでいくらかかりますか?

| クワント　　　ヴィエーネ | フィーノ　アル　　コロッセーオ | |
|---|---|---|
| **Quanto viene** | fino al Colosseo | **?** |
| いくらかかりますか? | コロッセオまで | |

※前置詞 fino a は「〜まで」という意味。al は a ＋定冠詞 il の結合形です（p.26参照）。

## 運賃以外にも使える

Quanto viene? は、レンタカー代やホテルの部屋代を尋ねる時にも使います。

1日の料金はいくらですか?
**Quanto viene** al giorno?
クワント　　　　ヴィエーネ　アル　　ジョルノ

## キーワード
### Parole chiave 観光名所

音声 36

fino a と目的地を組み合わせて、かかる運賃を尋ねてみましょう。前置詞 a は定冠詞と結合して、a + il は al に、a + la は alla になります（p.26参照）。

※広場や橋などの場合は、もともと定冠詞は付きません。

PARTE 4

その場で役立つ！ 場面別フレーズ

## Roma
ルローマ

■スペイン広場

### piazza di Spagna
ピャッツァ　ディ　スパンニャ

■トレヴィの泉

### (la) fontana di Trevi
ラ　フォンターナ　ディ トゥレーヴィ

■真実の口

### (la) bocca della verità
ラ　ボッカ　デッラ　ヴェリター

■サン・ピエトロ大聖堂

### San Pietro
サン　ピエートゥロ

## Firenze
フィレンツェ

■ウフィツィ美術館

### (la) galleria degli Uffizi
ラ　ガッレリーア　デッリィ　ウッフィツィ

■ダンテ美術館

### (la) casa di Dante
ラ　カーザ　ディ　ダンテ

■ミケランジェロ広場

### piazzale Michelangelo
ピャッツァーレ　ミケランジェロ

■ヴェッキオ橋

### ponte Vecchio
ポンテ　ヴェッキョ

**MARIKO**

すみません、フォロ・ロマーノまで
いくらかかりますか?

Scusi, quanto viene fino
スクーズィ　　　クワント　　　ヴィエーネ　フィーノ

al Foro Romano?
アル　フォロ　　　ロマーノ

★「フォロ・ロマーノ」と
はローマにある古代遺跡。
観光地として有名です。

**TASSISTA**

7ユーロぐらいです。

Circa 7 euro.
チルカ　セッテ　エウロ

※tassista[タッシィスタ]
は「タクシー運転手」とい
う意味です。
※circaは「約、およそ」
という意味です。

**MARIKO**

了解です、行きましょう。

Va bene, andiamo.
ヴァ　　　ベーネ　　　アンディャーモ

---

**目的地に到着**

**TASSISTA**

はい、こちらです。

Ecco, è qui.
エッコ　　エ　クィ

**MARIKO**

いくらですか?

Quant'è?
クワンテー

※quant'è は疑問詞
quanto（いくつ）＋è（動
詞essereの三人称単数）
の短縮形です。

**TASSISTA**

6ユーロ50セントです。

6 euro e 50.
セーイ　エウロ　エ　チンクワンタ

※接続詞 e（〜と）のあと
に続く数字の単位「セン
ト」centesimi［チェンテー
ズィミ］は省略されます。

**MARIKO**

（8ユーロを渡して）
どうぞ。おつりはチップです。

Prego. Il resto, mancia.
プレーゴ　　イル　レスト　　　マンチャ

※resto は「おつり」、
mancia は「チップ」と
いう意味です。

**TASSISTA**

ありがとうございます。さようなら。

Grazie. Arrivederci.
グラツィエ　　　アリヴェデルチ

● 料金メーターをつけてください。

# Il tassametro, per favore.

イル　　　タッサメトゥロ　　　ペル　　ファヴォーレ

──────────────────────────────

● 時間はどれくらいかかりますか?

# Quanto tempo ci vuole?

クワント　　　テンポ　　チ　　ヴオーレ

※「〜が欲しい」という意味の動詞 volere [ヴォレーレ] (vuole は三人称単数) は ci とセットで「(時間)がかかる」という意味になります。

**返答例** Un **minuto.** (1分です) …2分以上なら複数形 minuti [ミヌーティ] が使われます。
ウン　ミヌート

Un'**ora.** (1時間です) …2時間以上なら複数形 ore [オーレ] が使われます。
ウノーラ

──────────────────────────────

● 荷物を運ぶのを手伝っていただけますか?

# Mi aiuta con i bagagli, per favore?

ミ　　アユータ　　　コ ニ　　　バガッリ　　　ペル　　ファヴォーレ

※「手伝う」という意味の動詞 aiutare [アユターレ] を使った表現です。

──────────────────────────────

● レシートをください。

# Una ricevuta, per favore.

ウナ　　　リチェヴータ　　　ペル　　ファヴォーレ

 **pausa caffè** チップについて

イタリアのレストランやホテルなどはサービス料込みの料金なので、基本的にチップを渡す必要はありませんが、よいサービスを受けた場合はチップを渡してもよいでしょう。金額は決まっていませんから、タクシーの場合ならつり銭程度で十分です。

# 電車に乗る

イタリアの電車は遅延することが多く、車体に「特急」などの記載がないことも。駅の人に確認することをおすすめします。

## 電車の運行を尋ねる

### ～行きの電車はありますか?

# C'è un treno per ～?
チェ　　　　ウン　　　トゥレーノ　　　　ペル

↑
**～行き**

C'è～?(～はありますか?)と前置詞 per(～行き)を使った表現です。

## ミラノ行きの電車はありますか?

チェ　　ウン　　トゥレーノ　　ペル　　　　　　　ミラーノ
**C'è un treno per** | **Milano** | **?**
～行きの電車はありますか? | ミラノ

### pausa caffè イタリアの電車事情

　イタリアでは電車がよく遅れます。時々ストライキ(sciopero [ショーペロ])もあるので、目的地までに乗り換えがある場合は、特に余裕をもって電車に乗るようにしましょう。また、電車の遅れに伴い、ホームが変わることもあるので、注意してください。

　イタリアの電車の良さは、運賃が比較的安いこと。そして、車窓から美しい景色を楽しむこともできます。イタリアを訪れた際には、ぜひ乗ってみてください。

## キーワード
## Parole chiave 都市名

per のあとに都市名を加えて、そこに行く電車があるかどうかを尋ねてみましょう。

### Roma
ルローマ

### Torino
トリーノ

### Venezia
ヴェネツィア

### Genova
ジェノヴァ

### Firenze
フィレンツェ

### Alberobello
アルベロベッロ

### Napoli
ナポリ

### Palermo
パレールモ

PARTE 4 その場で役立つ！ 場面別フレーズ

### 覚えておきたい関連単語

駅にある電子掲示板の表示も覚えておくと便利です。

行き先
destinazione
デスティナツィオーネ

発車時刻
ore (ORE)
オーレ

現在の遅延時間
ritardo (RIT)
リタルド

## INFORMAZIONI

| DESTINAZIONE | CATEGORIA | ORE | RIT | BIN |
|---|---|---|---|---|
| ROMA TERMINI | EUR | 17 : 20 | 1 : 00 | |
| NAPOLI C.LE | EUR | 18 : 50 | 0 : 10 | |
| ROMA TERMINI | REG | 19 : 00 | | 1 |
| MILANO C.LE | EUR | 19 : 10 | 0 : 15 | |
| SIENA | REG | 19 : 15 | | 4 |

列車の種類
categoria
カテゴリーア

発車ホーム番号
binario (BIN)
ビナーリオ

※EUR (EUROSTAR) は特急列車ユーロスター、
REG (REGIONALE) は普通列車です。

75

**MARIKO**

こんにちは。フィレンツェ行きの
10時頃の電車はありますか?

Buongiorno. C'è un treno per
ブオンジョルノ　　チェ　ウン　トゥレーノ　ペル

Firenze verso le 10?
フィレンツェ　　ヴェルソ　レ　ディエーチ

**STAFF**

10時5分のユーロスターがあります。

C'è un Eurostar alle 10：05.
チェ　　ウネウロスタール　　アッレ　ディエーチ エ チンクェ

※alle は前置詞 a（～の）
＋定冠詞 le の結合形。

**MARIKO**

片道のチケットを2枚ください。

Due biglietti solo andata,
ドゥーエ　　ビッリェッティ　　ソロ　　アンダータ

per favore.
ペル　　ファヴォーレ

※solo andata は「片道
の」。andata e ritorno
［アンダータ エ リトルノ］に
替えれば、「往復の」にな
ります。

**STAFF**

どうぞ。

Prego.
プレーゴ

**MARIKO**

いくらですか?

Quant'è?
クワンテー

**STAFF**

50ユーロ40セントです。

50 euro e 40.
チンクワンタ　エウロ　エ　クワランタ

**MARIKO**

ありがとう。さようなら。

Grazie. Arrivederci.
グラツィエ　　　アリヴェデルチ

● 自動改札機が壊れています。

# L'obliteratrice è rotta.

ロブリテラトゥリーチェ　　エ　　ロッタ

PARTE
4

※rotta は「壊れた」という意味の形容詞（女性名詞・単数形）。チケットを見せながら「È rotta」だけでも通じます。

その場で役立つ！ 場面別フレーズ

- - - - - - - - - - - - - - - - - - - - - - - - -

● 電車は遅れていますか？

# Il treno è in ritardo?

イル　トゥレーノ　エ　イン　　　リタルド

※「定刻通り」なら in orario［イノラーリオ］です。

- - - - - - - - - - - - - - - - - - - - - - - - -

● これはフィレンツェ行きの電車ですか？

# È questo il treno per Firenze?

エ　　クエスト　イル　トゥレーノ　　ペル　　　フィレンツェ

- - - - - - - - - - - - - - - - - - - - - - - - -

● 何時に出発しますか？

# A che ora parte?

アッケ　　オーラ　　パルテ

※「出発する」という意味の動詞 partire［パルティーレ］を使った表現です。

- - - - - - - - - - - - - - - - - - - - - - - - -

● ローマに何時に着きますか？

# A che ora arriva a Roma?

アッケ　　オーラ　アルリーヴァ　ア　　ルローマ

※「到着する」という意味の動詞 arrivare［アルリヴァーレ］を使った表現です。

# ホテルで①

チェックインの際には、まずあいさつをしてから自分の名前を伝えます。簡単な自己紹介を覚えましょう。

## 自己紹介をする

> 私は/私の名前は〜です。
> # Sono/Mi chiamo 〜.
> ソーノ　　　　ミ　　　　キャーモ

動詞 essere（エッセレ）（p.38参照）の一人称単数 sono のあとに名前を続けるだけで、簡単な自己紹介ができます。

### 私はミヤザキヒロシです。

**Sono** （ソーノ）
私は〜です

**Hiroshi**（ヒロシ） **Miyazaki**（ミヤザキ） **.**
ヒロシ　　　　　　ミヤザキ

一人称単数の代名詞 mi と、「呼ぶ」という意味の動詞 chiamare（キャマーレ）を組み合わせた「私は〜という名前である」も、自己紹介の定番です。

### 私の名前はミヤザキヒロシです。

**Mi**（ミ） **chiamo**（キャーモ）
私の名前は〜です

**Hiroshi**（ヒロシ） **Miyazaki**（ミヤザキ） **.**
ヒロシ　　　　　　ミヤザキ

## 🔑 キーワード
### Parole chiave 国籍／職業

音声
44

Sono のあとに国籍や職業を続けて、「私は〜です」と言うこともできます。

※職業を表す名詞には、男女同形のものと、女性形で語尾が -a/-essa に変わるものがあります。

| ■日本人 |
|---|
| giapponese |
| ジャッポネーゼ |

| ■主婦 |
|---|
| casalinga |
| カザリンガ |

| ■講師 |
|---|
| insegnante |
| インセンニャンテ |

| ■学生 |
|---|
| studente 男/studentessa 女 |
| ストゥデンテ　　　　ストゥデンテッサ |

| ■会社員 |
|---|
| impiegato 男/impiegata 女 |
| インピェガート　　　インピェガータ |

| ■会計士 |
|---|
| ragioniere 男/ragioniera 女 |
| ラジオニエレ　　　　ラジオニエラ |

| ■弁護士 |
|---|
| avvocato |
| アッヴォカート |

| ■医師 |
|---|
| medico |
| メーディコ |

## 家族を紹介する

自分の家族を紹介する場合は、Questo è 〜（この人は〜です）を使います。
クェスト エ

※所有形容詞 mio [ミオ]/mia [ミア]（私の）は、
紹介する家族の性によって使い分けます。

私の夫です。

**Questo è** mio marito.
クェスト　エ　ミオ　　　マリート

私の妻です。

**Questa è** mia moglie.
クェスタ　エ　ミア　　　モッリェ

| mio (私の)＋ | | mia (私の)＋ | |
|---|---|---|---|
| 父 | padre バードゥレ | 母 | madre マードゥレ |
| 息子 | figlio フィッリョ | 娘 | figlia フィッリャ |
| 兄弟 | fratello フラテッロ | 姉妹 | sorella ソレッラ |
| 祖父 | nonno ノンノ | 祖母 | nonna ノンナ |

ミニ会話

音声 45

**HIROSHI**
こんばんは。私の名前はミヤザキヒロシです。
チェックインをお願いします。

Buonasera.
ブオナセーラ

Mi chiamo Hiroshi Miyazaki.
ミ　キャーモ　　ヒロシ　　　ミヤザキ

Check in, per favore.
チェッキン　　ベル　ファヴォーレ

**STAFF**
はい。パスポートをお願いします。

Sì.  Il passaporto, per favore.
スィ　イル　　パッサポルト　　　　ベル　　ファヴォーレ

※2人以上で宿泊の場合
「パスポート」は複数形で
I pasaporti［イ パッサボ
ルティ］になります。

**HIROSHI**
どうぞ。

Prego.
プレーゴ

**STAFF**
ここにサインをしてください。

Una firma qui.
ウナ　　フィルマ　　クィ

※firma は「署名、サイン」
という意味です。

**HIROSHI**
はい。

Sì.
スィ

**STAFF**
それでは、これが鍵です。
お部屋は3階の304（号室）です。

Allora, questa è la chiave.
アッローラ　　クェスタ　エ　ラ　キャーヴェ

La camera è la　　　304
ラ　　カーメラ　エ　ラ　トゥレ　ゼーロ　クワットゥロ

al terzo piano.
アル　テルツォ　　ピャーノ

※ chiave は「鍵」、
camera は「部屋」とい
う意味。terzo（3番目の）
＋piano（階）で「3階」
になります。

**HIROSHI**
ありがとう。おやすみなさい。

Grazie.  Buonanotte.
グラツィエ　　　　ブオナノッテ

## フロアの数え方

建物のフロアは序数で表しますが、イタリアと日本では数え方が違います。日本の「1階」はイタリアでは「0階」に当たります。

2番目の+階＝2階（日本での3階）

**secondo** piano
セコンド　　　ピアーノ

1番目の+階＝1階（日本での2階）

**primo** piano
プリーモ　　ピアーノ

0階（日本での1階）※terra は「地表と同じ高さの」

piano terra
ピアーノ　　テルラ

地下1階　※interrato は「地下の」

piano interrato
ピアーノ　　インテルラート

| 3番目の | 7番目の |
|---|---|
| terzo テルツォ | settimo セッティモ |
| 4番目の | 8番目の |
| quarto クワルト | ottavo オッターヴォ |
| 5番目の | 9番目の |
| quinto クィント | nono ノーノ |
| 6番目の | 10番目の |
| sesto セスト | decimo デーチモ |

※「11」以降は、数の最後の母音を取って -esimo を付けます。undic**i**(11)→undic**esimo**(11番目の)

**PARTE 4**

その場で役立つ！ 場面別フレーズ

---

## これも使える！ フロントでの表現いろいろ　

● ローマの地図をください。

# Una mappa di Roma, per favore.
ウナ　　　　マッパ　　　ディ　　ルローマ　　　　ペル　　　ファヴォーレ

---

● 明日6時にボックスブレックファストを2つお願いします。

# Due box breakfast per domani
ドゥーエ　　ボックス　　ブレックファストゥ　　ペル　　　ドマーニ

# alle 6：00, per favore.
アッレ　　　セーイ　　　　ペル　　ファヴォーレ

★「ボックスブレックファスト」とは、軽めのお弁当のこと。パン、ドリンク、フルーツのセットが基本です。ホテルで作ってもらえる場合がありますので聞いてみましょう。

# ホテルで②

部屋にあるはずのものがないことに気がついたら、フロントに電話して持ってきてもらいましょう。

## 何かを持ってきてもらう

### 〜がありません。
# Non c'è 〜.
ノン　　　　　チェ

※複数形は Non ci sono〜. です。
　　　　　　ノン　チ　ソーノ

c'è〜（〜がある）の前に否定の non を置くと、「〜がない」という表現になり、（それがないので）持ってきて欲しい、というニュアンスになります。

## 石鹸がありません。

**Non c'è** la saponetta .
ノン　チェ　　　　ラ　　サポネッタ
ない　　　　　　　　　　　石鹸

場所を表す語句を文頭に加えた表現も見てみましょう。

## バスルームにタオルがありません。

In bagno **non c'è** l'asciugamano .
イン　バンニョ　ノン　チェ　　　　ラッシュガマーノ
バスルームに　　ない　　　　　　　　タオル

82

### キーワード
### Parole chiave 持ってきてもらいたいもの

音声 48

Non c'è のあとに次の単語を加えて、部屋にないものを伝えましょう。

■毛布
## la coperta
ラ　コペルタ

■まくら
## il cuscino
イル　クッシーノ

■トイレットペーパー
## la carta igienica
ラ　カルタ　イジエーニカ

■シャンプー
## lo shampoo
ロ　シャンポ

PARTE
4

その場で役立つ！ 場面別フレーズ

---

### 覚えておきたい関連単語 ・・・・・・・・・・・・・・・・・・・・・・・

ホテルの部屋にあるものとして、次の単語も覚えておきましょう。

□ ランプ　　　□ ベッド　　　□ テレビ　　　　　　□ ミニバー　　　□ 洋服だんす

lampada　　letto　　TV/televisione　　minibar　　armadio
ランパダ　　　レット　　ティヴ　テレヴィズィオーネ　　ミニバール　　アルマディオ

---

### pausa caffè　イタリアのホテルにないものは？

　いくつかの5つ星を除き、イタリアのホテルの部屋にはスリッパがありません。また、歯ブラシ、パジャマ、ドライヤーが用意されていないことも多いので、必要があれば持参しましょう。

83

フロントです、こんばんは。
**Reception, buonasera.**
レセプション　　ブオナセーラ

こんばんは。お風呂のお湯が出ません。
**Buonasera. In bagno**
ブオナセーラ　　イン　バンニョ
**non c'è acqua calda.**
ノン　チェ　アックァ　カルダ

すぐに誰かスタッフが確認に参ります。
お部屋番号は？
**Viene subito qualcuno**
ヴィエーネ　スービト　クワルクーノ
**a controllare.**
ア　コントゥロッラーレ
**Numero di camera?**
ヌーメロ　ディ　カーメラ

※subitoは「すぐに」、qualcunoは「誰か」、controllareは「確かめる」という意味です。

403です。ありがとう。
**403.　Grazie.**
クワットゥロ ゼーロ トゥレ　グラツィエ

どういたしまして。
**Prego.**
プレーゴ

## これも使える! 部屋での表現いろいろ 音声 50

● ランプが壊れています。

# La lampada è rotta.
ラ　　　ランパダ　　エ　　ロッタ

● 部屋が狭すぎます。

# La camera è troppo piccola.
ラ　　　カーメラ　　エ　　トゥロッポ　　ピッコラ

※「～すぎる」という意味の副詞 troppo を形容詞 piccolo［ピッコロ］(piccola は女性名詞・単数)
の前に置くと、「小さすぎる、狭すぎる」という意味になります。

● 部屋の外がうるさいです。

# La camera è rumorosa.
ラ　　　カーメラ　　エ　　ルモローザ

● 部屋の中に鍵を忘れました。

# Ho dimenticato la chiave in camera.
オ　　　ディメンティカート　　　ラ　　キャーヴェ　　イン　　カーメラ

※動詞 dimenticare［ディメンティカーレ］(忘れる)を使った表現です。

● 暖房が効きません。

# Il riscaldamento non funziona.
イル　　　リスカルダメント　　　　ノン　　フンツィオーナ

※否定の non + funziona (正常に作動する)で「効かない」という表現。
L'aria condizionata［ラリア コンディツィオナータ］(冷房)にして使うこともできます。

85

# ショッピング

イタリアではスーパーやデパートなどのチェーン店以外、商品の値段が書いていないことが多いので、店員とのコミュニケーションが必要になります。

## 商品の値段を尋ねる

音声 51

いくらですか?

# Quanto costa/costano?

クワント　コスタ　コスタノ

↑ 商品が1つの場合　↑ 商品が複数の場合

疑問詞 quanto（いくつ、どれくらい）と動詞 costare（値段が～だ）を組み合わせた表現。costa は三人称単数、costano は三人称複数です。

## このネクタイはいくらですか?

| クワント　コスタ **Quanto costa** いくらですか? | クェスタ　クラヴァッタ questa cravatta このネクタイ | ? |

## このイヤリングはいくらですか?

| クワント　コスタノ **Quanto costano** いくらですか? | クェスティ　オレッキーニ questi orecchini このイヤリング | ? |

※「この～」は単数形で questa、複数形で questi になります。
※商品を見せるか指差した場合は、Quanto costa/costano? と言うだけでOKです。

単数の場合は costa questa、複数の場合は costano questi を使って、いろいろな商品の値段を尋ねてみましょう。

■ チョコレート（一口サイズ）
**cioccolatini** 複
チョッコラティーニ

■ 香水
**profumo** 単
プロフーモ

PARTE
4

その場で役立つ！場面別フレーズ

■ スカーフ
**foulard** 単
フラール

■ ビスケット、クッキー
**biscotti** 複
ビスコッティ

■ ハガキ
**cartolina** 単
カルトリーナ

■ ブランドのバッグ
**borsa di marca** 単
ボルサ ディ マルカ

■ 手袋
**guanti** 複
グワンティ

■ カレンダー
**calendario** 単
カレンダーリオ

**MARIKO**

すみません。このかばんはいくらですか?

**Scusi, quanto costa questa**
スクーズィ　　クワント　　コスタ　　クェスタ

**borsa?**
ボルサ

 **STAFF**

49ユーロです。

**49　euro.**
クワランタノーヴェ　エウロ

 **MARIKO**

白いのはありますか?

**C'è bianca?**
チェ　　ビャンカ

※C'è ~? (〜はあります
か?) はショッピングの際
に便利な表現です。

 **STAFF**

はい、どうぞ。

**Sì. Prego.**
スィ　　プレーゴ

 **MARIKO**

少しまけてください。

**Un po' di sconto, per favore.**
ウン　ポー　ディ　　スコント　　ペル　ファヴォーレ

※sconto は「値引き」と
いう意味です。

 **STAFF**

ええと、それでは45ユーロで。

**Uhm, allora　45　euro.**
ウーム　アッローラ クワランタチンクェ エウロ

※allora は「それなら」
という意味です。

 **MARIKO**

オーケーです、ありがとう!

**Va bene, grazie!**
ヴァ　　ベーネ　　グラツィエ

● もっと安いのはありますか?

# C'è meno caro?

チェ　　メノ　　　カーロ

※meno（それほど～ない）＋ caro（値段が高い）で、
高くないものを求める表現です。

● イタリア製ですか?

# È fatto in Italia?

エッファット　　　　イニターリア

※ fatto は「作られた」という意味の形容詞です。商品が複数の場合は È fatto → Sono fatti [ソノ
ファッティ] になります。

● 手作りですか?

# È fatto a mano?

エッファット　ア　　マーノ

※ fatto（作られた）＋a mano（手）で
「手作りの」という意味になります。

● 革製品ですか?

# È di pelle?

エ　ディ　　　ベッレ

※商品が複数の場合は È → Sono になります。pelle（革）を cotone [コトーネ]（木綿）、lana
[ラーナ]（ウール）、seta [セータ]（絹）などに入れ替えて使うこともできます。

# レストラン

注文に迷ったら、お店の人におすすめを教えてもらいましょう。その地方特有の郷土料理や、旬の食材を楽しんでください。

## おすすめを尋ねる

音声
55

### おすすめは何ですか?
# Che cosa consiglia?
ケッコーザ　　　　　　　コンスィッリャ

consiglia は動詞 consigliare（すすめる）の三人称単数で、Lei（あなた）に対する敬語表現です。主語代名詞 Lei は省略されています。
（コンスィッリャーレ）（レイ）

## デザートのおすすめは何ですか?

| ケッコーザ　　　コンスィッリャ | コーメ　　ドルチェ | |
|---|---|---|
| **Che cosa consiglia** | **come dolce** | **?** |
| おすすめは何ですか? | どんな　　デザート | |

### 料理の種類

イタリア料理は、おもに次のような種類に分けられます。

| 前菜 | antipasto アンティパスト | 冷製料理など。 | デザート | dolce/dessert ドルチェ　　デッセル |
|---|---|---|---|---|
| 第1の皿 | primo piatto プリーモ　ピャット | スープやパスタなど。 | 飲み物 | bevande ベヴァンデ |
| 第2の皿 | secondo piatto セコンド　　ピャット | メインディッシュの肉／魚介料理。 | | ハウスワイン以外のワインは、料理のメニューとは別のワインリストから選びます。 |
| つけ合わせ | contorno コントルノ | メインディッシュにそえる野菜のつけ合わせ。 | | |

イタリア料理の人気メニューを見てみましょう。

# *Menù*

─────── *Antipasti* ───────

生ハムとメロン
*Prosciutto e melone*
プロシュット　エ　メローネ

ムール貝
*Cozze*
コッツェ

前菜の盛り合わせ
*Antipasto misto*
アンティパスト　ミスト

PARTE
4
その場で役立つ! 場面別フレーズ

─────── *Primi* ───────

あさりのスパゲティ
*Spaghetti alle vongole*
スパゲッティ　アッレ　ヴォンゴレ

ラザニア
*Lasagne*
ラザンニェ

ペンネアラビアータ
*Penne all'arrabbiata*
ペンネ　アッラルラッピャータ

─────── *Secondi* ───────

鶏肉のトマトとキノコ焼き
*Pollo al pomodoro e funghi*
ポッロ　アル　ポモドーロ　エ　フンギ

仔牛肉の薄切りロースト
*Fettina di vitello*
フェッティーナ ディ ヴィテッロ

舌平目のムニエル
*Sogliola alla mugnaia*
ソッリョラ　アッラ　ムンニャイア

エビのグリル
*Gamberi alla griglia*
ガンベリ　アッラ　グリッリャ

─────── *Contorni* ───────

ホウレン草
*Spinaci*
スピナーチ

インゲン豆
*Fagiolini*
ファジョリーニ

ミックスサラダ
*Insalata mista*
インサラータ　ミスタ

─────── *Dolce* ───────

チョコレートケーキ
*Dolce al cioccolato*
ドルチェ アル　チョッコラート

パンナコッタ
*Panna cotta*
パンナ　コッタ

レモンタルト
*Torta al limone*
トルタ アル　リモーネ

─────── *Bevande* ───────

ミネラルウォーター
*Acqua minerale*
アックワ　ミネラーレ

ビール
*Birra*
ビルラ

ハウスワイン
*Vino della casa*
ヴィーノ　デッラ　カーザ

★ミネラルウォーターを注文する時は、ガス入り(con gas[コン ガス])かガスなし(senza gas[センツァ ガス])かを伝えましょう。

★瓶ビールには「小」piccola[ピッコラ]と「大」grande[グランデ]があります。

★ハウスワインは1/4 L[ウン クワルト]、1/2 L[メッゾ リトゥロ]、1 L[ウン リトゥロ]単位で頼みます。通常1/4 LのL(litro[リトゥロ])は省略して言います。

## ミニ会話

第1の皿のおすすめは何ですか?

### Che cosa consiglia come primo?
ケッコーザ　　　コンスィッリャ　　コーメ　　プリーモ

MARIKO

そうですね。パッリャ エ フィエーノが
おすすめです。

### Allora, vi consiglio
アッローラ　　ヴィ　　コンスィッリョ

### paglia e fieno.
パッリャ　エ　フィエーノ

CAMERIERE

※cameriere[カメリエーレ]は「ウエイター」という意味です。

それは何ですか?

### Che cos'è?
ケッコゼー

MARIKO

2種類のタリアテッレで、1つは卵入り、
もう1つはホウレン草入りです。

### Sono due tipi di tagliatelle,
ソーノ　　ドゥーエ ティーピ ディ　　タッリャテッレ

### uno con uovo e uno con spinaci.
ウーノ　コン　ウォーヴォ エ ウーノ　コン　　スピナーチ

CAMERIERE

★タリアテッレは、幅広の平打ちパスタです。

※uovo は「卵」、spinaci は「ホウレン草」という意味です。

わかりました、じゃあパッリャ エ フィエーノを
2つください。

### Bene, allora due paglia e fieno,
ベーネ　　アッローラ ドゥーエ　パッリャ　エ フィエーノ

### per favore.
ペル　ファヴォーレ

MARIKO

★注文は、メニューに書いてある料理名の前に数を付けて言えばOKです。

お飲み物は?

### E da bere?
エ ダ　　ベーレ

CAMERIERE

赤ワインをボトルで1本ください。

### Una bottiglia di vino rosso.
ウナ　　ボッティッリャ　ディ ヴィーノ　ルロッソ

MARIKO

※瓶入りの飲み物は、数+bottiglia(瓶)+di(～の)と表します。

● 中に何が入っていますか?

## Che cosa c'è dentro?

ケッコーザ　　　チェ　　デントゥロ

. . . . . . . . . . . . . . . . . . . . . . . . . . . . . . . . . . . . . . . . . . . . . . . .

● ハーフサイズはありますか?

## C'è la mezza porzione?

チェ　ラ　　メッザ　　　ポルツィオーネ

※mezza（半分）＋porzione（1人前）という表現です。

. . . . . . . . . . . . . . . . . . . . . . . . . . . . . . . . . . . . . . . . . . . . . . . .

● 私はチーズにアレルギーがあります。

## Sono allergica al formaggio.

ソーノ　　　アッレルジカ　　　アル　　　フォルマッジョ

※allergica（アレルギー体質の）は女性が言う場合。男性なら allergico［アッレルジコ］なります。

. . . . . . . . . . . . . . . . . . . . . . . . . . . . . . . . . . . . . . . . . . . . . . . .

● 塩を少なめで、お願いします。

## Con poco sale, per favore.

コン　　　ポーコ　　　サーレ　　　ペル　　ファヴォーレ

※senza と逆の意味の con（～付きの）を使った表現。

. . . . . . . . . . . . . . . . . . . . . . . . . . . . . . . . . . . . . . . . . . . . . . . .

● チーズ抜きでお願いします。

## Senza formaggio, per favore.

センツァ　　　フォルマッジョ　　　　ペル　　ファヴォーレ

※senza（～なしで）は苦手なものを入れてほしく
ない時に便利な表現です。

## 覚えて役立つ！ ウエイターの表現

音声 59

　レストランでは、ウエイターから声をかけてくることが多いので、相手が言うフレーズを聞き取ることが重要です。ここでは、ウエイターが使う定番表現を紹介します。返答は、短く明確に答えるのがポイントです。

● 何名様ですか？

# Quante persone?

クワンテ　　　ペルソーネ

●返答例：Tre. [トゥレ]（3人です）… 短く数字だけを言えばOK。

● 席は店の中がいいですか？ 外がいいですか？

# Dentro o fuori?

デントゥロ　　オ　フオーリ

●返答例：Dentro, grazie. [デントゥロ グラツィエ]（中がいいです、ありがとう）
… 提案されたことに答える場合は、grazie を忘れずに。

● こちらへどうぞ。

# Prego, da questa parte.

プレーゴ　　ダ　　クェスタ　　パルテ

● こちらでよろしいですか？

# Va bene qui?

ヴァ　ベーネ　クィ

●返答例：Sì, grazie. [スィ グラツィエ]
（はい、ありがとう）
No, va bene lì? [ノ ヴァ ベーネ リ]
（いいえ、あちらでもいいですか？）

● どうぞ、おかけください。（客が1人の場合）

# Prego, si accomodi.

プレーゴ　　スィ　　　アッコモディ

… 客が複数なら、Prego, accomodatevi.
[プレーゴ アッコモダーテヴィ]になります。

94

● ご注文は？（客が1人の場合）

# Vuole ordinare?
ヴオーレ　　　オルディナーレ
…客が複数なら、Vuole が Volete [ヴォレーテ] になります。

........................................................

● 何になさいますか？（客が1人の場合）

# Che cosa prende?
ケッコーザ　　　　プレンデ
… 客が複数なら、prende が prendete [プレンデーテ] になります。

●返答例：〜, per favore. [ペル ファヴォーレ]（〜をください）

その場で役立つ！　場面別フレーズ

........................................................

● ご要望はございますか？

# Prego, mi dica.
プレーゴ　　　ミ　　ディーカ

........................................................

● 他にご注文は？

# Altro?
アルトゥロ

●返答例：Basta, grazie. [バスタ グラツィエ]（以上です、ありがとう）

........................................................

●（食事が終わって）終わりましたか？

# Finito?
フィニート

........................................................

● お皿を下げてもいいですか？

# Posso?
ポッソ

●返答例：Sì. [スィ]（はい）
　　　　　No, non ancora. [ノ ノナンコーラ]
　　　　　（いいえ、まだです）

# 観光案内所で

p.66ではシンプルに道順を尋ねる表現でしたが、ここでは目的地までどんな交通機関を使ったらいいかを教えてもらう表現を覚えましょう。

## 行き方を尋ねる

音声 60

### 〜にはどうやって行ったらいいですか?

# Come si arriva a 〜?
コーメ　　　　スィ　　　アルリーヴァ　　　ア

疑問詞 come（どうやって）と si + arriva（「着く」という意味の動詞 arrivare アルリヴァーレ の三人称単数）を使って、目的地までの行き方を尋ねる表現です。

### 大聖堂にはどうやって行ったらいいですか?

**Come si arriva**
コーメ　　スィ　アルリーヴァ
どうやって行ったらいいですか?

**al Duomo**
アル　ドゥオモ
大聖堂に

**?**

前置詞 a（〜に）は定冠詞と組み合わせて、次のような形になります。

|  | il | la | lo | i | le | gli |
|---|---|---|---|---|---|---|
| a＋定冠詞 | al<br>アル | alla<br>アッラ | allo<br>アッロ | ai<br>アイ | alle<br>アッレ | agli<br>アッリィ |

## 覚えておきたい関連単語

□ 飛行機
**aereo**
アエレオ

□ タクシー
**taxi**
タクスィー

□ バス
**autobus**
アウトブス

□ 地下鉄
**metro**
メトゥロ

□ 電車
**treno**
トゥレーノ

□ 路面電車
**tram**
トゥラム

Come si arriva a のあとに行きたい所を加えて、行き方を尋ねてみましょう。

■ スタジアム

lo (→allo) stadio
ロ　　　　　　　スターディオ

■ 劇場

il (→al) teatro
イル　　　　　テアトゥロ

■ 博物館

il (→al) museo
イル　　　　　ムゼーオ

■ 城

il (→al) castello
イル　　　　　カステッロ

■ 旧市街

il (→al) centro storico
イル　　　　　チェントゥロ　　ストーリコ

■ 広場

la (→alla) piazza
ラ　　　　　　ピャッツァ

**HIROSHI**

すみません、スタディオ・オリンピコには
どうやって行ったらいいですか?

## Scusi, come si arriva
スクーズィ　　　コーメ　　スィ アッリーヴァ

## allo Stadio Olimpico?
アッロ　　スターディオ　　　オリンピコ

★ Stadio Olimpico
はローマにあるサッカー
スタジアムです。

 **STAFF**

それでは、フラミニオ広場から路面電車に
乗ってください。

## Allora, prenda il tram da
アッローラ　　　　プレンダ　イル トゥラム　　ダ

## piazzale Flaminio.
ピャッツァーレ　　　フラミーニオ

※動詞 prendere［プレン
デレ］(乗る)を使った表現。

 **HIROSHI**

(地図を見せながら)
フラミニオ広場はどこですか?

## Dov'è piazzale Flaminio?
ドヴェ　　　　ピャッツァーレ　　　フラミーニオ

 **STAFF**

(地図を指して)
ここです、ポポロ広場の近くです。
地下鉄のフラミニオ駅があります。

## È qui, vicino piazza del Popolo.
エ　クィ　　ヴィチーノ　　ピャッツァ　デル　　　ポポロ

## C'è la stazione metro Flaminio.
チェ　ラ　　スタツィオーネ　　メトゥロ　　　フラミーニオ

 **HIROSHI**

ありがとう。さようなら。

## Grazie.  Arrivederci.
グラツィエ　　　　　アリヴェデルチ

 **STAFF**

よい一日を。

## Buona giornata.
ブオーナ　　　ジョルナータ

## これも使える! 案内所での表現いろいろ　音声63

● オルヴィエートの見どころは何ですか?

# Che cosa c'è da vedere a Orvieto?

ケッコーザ　　チェ　ダ　　ヴェデーレ　ア　　オルヴィエート

※che（何）＋cosa（物）と動詞vedere（見る）を使って、名所や見どころを尋ねる表現です。

● この辺りに郷土料理の店はありますか?

# C'è un ristorante tipico qui vicino?

チェ　　ウン　　リストランテ　　ティーピコ　　クィ　　ヴィチーノ

※形容詞tipicoは「特徴的な」という意味で、ristorante（レストラン）とセットで「郷土料理の店」。qui（ここに）＋vicino（近くの）は、近所のおすすめの店を尋ねる時に便利な表現。

● この地域特有のおみやげは何ですか?

# Qual è un souvenir tipico di questa zona?

クワレー　　ウン　　スヴェニル　　ティーピコ　ディ　クェスタ　　ゾーナ

● スペイン広場の近くに安いホテルはありますか?

# C'è un hotel non caro vicino piazza

チェ　　ウノテル　　ノン　　カーロ　　ヴィチーノ　　ピャッツァ

# di Spagna?

ディ　　スパンニャ

※caro（値段が高い）の前に否定のnonを付ければ、「高くない＝安い」という意味になります。

99

# 劇場で

オペラのチケットは、ホテルで予約してもらえます。イタリアではかなり遅い時間から始まるので、開演／終演時間を確認しておきましょう。

## 始まり／終わりの時刻を尋ねる

音声 64

### 何時に～?
# A che ora ～?
アッケ　　　　オーラ

疑問詞 che ＋ ora（時）で、時刻を確認する表現を覚えましょう。

## 何時に始まりますか?

アッケ　　オーラ **A che ora** 何時に?　コミンチャ **comincia** 始まる　**?**

## 何時に終わりますか?

アッケ　　オーラ **A che ora** 何時に?　フィニッシェ **finisce** 終わる　**?**

### 覚えておきたい関連単語

予約の際に役立つ、次の単語も覚えておきましょう。

| □ 劇場 | □ 席 | □ 満席 | □ 野外オペラ |
|---|---|---|---|
| teatro | posto | tutto esaurito | opera all'aperto |
| テアトゥロ | ポスト | トゥット　エザウリート | オペラ　　アッラペルト |

🔑 **キーワード**
**Parole chiave** 座席の種類

音声
65

オペラなどの劇場の座席には、次のように
特有の呼び方があります。

■ 天井桟敷
**loggione**
ロッジョーネ
※ベンチ型の椅子で
一番安い席

■ ギャラリー席
**galleria**
ガッレリーア
※最上階の席

■ ボックス席
**palco**
パルコ
※2階以上の位置にある
4〜6人用のます席

■ 平土間
**platea**
プラテア
※1階の(値段が)
一番高い席

PARTE
4

その場で役立つ! 場面別フレーズ

**pausa caffè** 自然の中で楽しむオペラ

夏のイタリアでオペラを見るなら、特におすす
めなのが野外オペラです。舞台となるのはロー
マのカラカラ浴場やヴェローナのアレーナ(闘技
場)などの古代遺跡。オペラが始まるのは夜9
時頃で、終わるのは深夜1時頃。夜の涼しい風を
感じながら、素晴らしい舞台が楽しめます。

101

**MARIKO**
ギャラリー席のチケットを2枚ください。

Due biglietti galleria,
ドゥーエ　ビッリエッティ　ガッレリーア

per favore.
ペル　ファヴォーレ

※チケットは、枚数＋
biglietti（チケット）＋座
席の種類を言うだけで購
入できます。

**STAFF**
どうぞ。

Prego.
プレーゴ

**MARIKO**
何時に終わりますか?

A che ora finisce?
アッケ　オーラ　フィニッシェ

**STAFF**
24時です。

Alle 24 : 00.
アッレ　ヴェンティクワットゥロ

**MARIKO**
とても遅いですね!

È molto tardi!
エ　モルト　タルディ

※molto は「とても」、
tardi は「遅い」です。

**STAFF**
イタリアでは普通です。

In Italia è normale.
イニターリア　エ　ノルマーレ

**MARIKO**
わかりました。ありがとう。さようなら。

Va bene.　Grazie.　Arrivederci.
ヴァ　ベーネ　　グラツィエ　　アリヴェデルチ

**STAFF**
ありがとうございます。よい夜を。

Grazie.　Buona serata.
グラツィエ　　ブオーナ　セラータ

## これも使える！ 劇場での表現いろいろ

音声 67

● 休憩時間はどれくらいですか？

# Quanto dura la pausa?

クワント　ドゥーラ　ラ　パウザ

※ dura は「続く」、pausa は「休止、中断」という意味です。

PARTE
4

その場で役立つ！ 場面別フレーズ

● すみません、この席は予約済みです。

# Scusi, questo posto è prenotato.

スクーズィ　クェスト　ポスト　エ　プレノタート

※もし自分の予約した席に他の人が座っていたら、こう言いましょう。

● すみません、これらの席は予約済みです。

# Scusi, questi posti sono prenotati.

スクーズィ　クェスティ　ポスティ　ソーノ　プレノターティ

※2つ以上の席に他の人が座っていた場合は、このように複数形で言いましょう。

● 主役は誰ですか？

# Chi è il protagonista?

キ　エ　イル　プロタゴニスタ

※ protagonista（主役）は男女同形ですが、前に付く冠詞 il は主役が男性の場合。女性なら la になります。

● どういう話ですか？ 悲劇的？ それともロマンチック？

# Che storia è? Tragica o romantica?

ケ　ストーリア　エ　トゥラジカ　オ　ロマンティカ

103

# おさらい練習問題

① 次の疑問詞を、正しい意味の日本語と線でつないでください。

come •　　　　　　　　• どこ

che ora •　　　　　　• どうやって

quanto tempo •　　　• いくら（運賃）

dove •　　　　　　　• 何時（時刻）

quanto costa •　　　• どれくらい（かかる時間）

quanto viene •　　　• いくら（商品の値段・単数の場合）

② essere の適切な形を空欄に記入してください。

1. 私は日本人です。

　　　　　　　　giapponese.

2. （この人は）私の夫です。

Questo 　　　　　　mio marito.

**③** 点線枠内の単語を正しい順に並べ直し、
空欄に記入してください。 ※文頭にくる単語の1文字めは大文字にしてください。

**1.** ローマ行きの電車はありますか?

> Roma / per / c'è / un / treno

↓

　　　　　　　　　　　　　　　　　　　　　　　　?

**2.** バスルームにシャンプーがありません。

> non / lo shampoo / in / c'è / bagno

↓

　　　　　　　　　　　　　　　　　　　　　　　　.

**3.** デザートのおすすめは何ですか?

> come / cosa / che / dolce / consiglia

↓

　　　　　　　　　　　　　　　　　　　　　　　　?

**解答:** ① come=どうやって／che ora=何時 (時刻) ／
quanto tempo=どれくらい (かかる時間) ／dove=どこ／
quanto costa=いくら (商品の値段・単数の場合) ／quanto viene=いくら (運賃)
② **1.** Sono **2.** è ③ **1.** C'è un treno per Roma?
**2.** In bagno non c'è lo shampoo. **3.** Che cosa consiglia come dolce?

## イタリア人は大食い?!

　イタリアを旅行すると、イタリア人の食事の量に驚くかもしれません。どうしてイタリア人は、たくさん食べることができるのでしょう?

　食事は通常3食（朝食、昼食、夕食）が基本ですが、実はイタリア人は一日のうち、しっかりした食事を2食しか食べません。ほとんどの人は、朝はエスプレッソだけ、一部の人は甘い菓子パンを食べます。子どもはカフェオレに5〜6枚のビスケットを浸して食べます。

　朝食が軽いことと、昼休みを長めにとるというイタリアの習慣もあって、昼食はしっかり食べます。いったん家に帰ってゆっくり食べる、という人も少なくありません。

　イタリアでは夕食の時間が遅く、早くても20時過ぎなので、昼食をゆっくり食べられなかった人はなおさら、夕食をたくさん食べます。そして、夕食が遅い時間のため、翌朝になってもお腹はほとんどすかず、朝食は軽く済ませる、ということになるのです。

PARTE **5**

# いろいろな場面で使える！
# 目的別フレーズ

# 許可を求める

洋服を試着したり、観光地で写真を撮ったりする時などに、何かをしてもいいかどうか、ひとこと確認をとるのに便利なフレーズです。

音声 68

## ～してもいいですか?

# Posso + 動詞の原形?

ポッソ

↑
**potere の一人称単数**

「～できる」という意味の補助動詞 potere（ポテーレ）を使って許可を求める表現です。動詞 provare（プロヴァーレ）(試す) の原形を続けた例を見てみましょう。

## 試着してもいいですか?

| ポッソ | プロヴァーレ | |
|---|---|---|
| **Posso** | **provare** | **?** |
| ～してもいいですか? | 試す | |

### 人称で形が変化する

Posso～? は主語が「私」の場合。「私たち」なら一人称複数の Possiamo～? になります。

（私たちは）座ってもいいですか?
**Possiamo** sedere?
ボッスィアーモ　　　セデーレ

※例えばテーブル席を指差して「Posso?/Possiamo?」と言えば、動詞の原形なしでも「座ってもいいですか?」という意味が相手に伝わります。

Posso のあとに動詞の原形を続けて、いろいろな許可を求めてみましょう。

## ショップで

**Posso** +
ポッソ

| ■触る |
|---|
| toccare |
| トッカーレ |

?

＝触ってもいいですか？

## ジェラート店で

**Posso** +
ポッソ

| ■味見する |
|---|
| assaggiare |
| アッサジャーレ |

?

＝味見してもいいですか？

※フレーバーの表現はp.127を参照。

## 市場で

**Posso** +
ポッソ

| ■買う |
|---|
| comprare |
| コンプラーレ |

＋

| ■〜だけ |
|---|
| solo |
| ソロ |

＋

| ■1つのリンゴ |
|---|
| una mela |
| ウナ　メーラ |

?

＝リンゴを1つだけ買ってもいいですか？

## 観光地で

**Posso** +
ポッソ

| ■撮る |
|---|
| fare |
| ファーレ |

＋

| ■1枚の写真 |
|---|
| una foto |
| ウナ　フォト |

?

＝写真を撮ってもいいですか？

※ foto は女性名詞 fotografia［フォトグラフィーア］の省略形なので、-o で終わっていても女性名詞です。省略形の foto は、単数形でも複数形でも変化しません。

**MARIKO**
こんにちは。ショーウィンドーにある
白いシャツを見せてもらっていいですか?

# Buongiorno. Posso vedere
ブオンジョルノ　　　　ポッソ　　ヴェデーレ

## la camicia bianca in vetrina?
ラ　　カミーチャ　　ビャンカ　　イン　ヴェトゥリーナ

 **STAFF**
どうぞ。

# Prego.
プレーゴ

 **MARIKO**
試着してもいいですか?

# Posso provare?
ポッソ　　プロヴァーレ

 **STAFF**
はい、もちろん。

# Sì, certo.
スィ　チェルト

**試着をしてみて**

 **MARIKO**
少し小さいです。もっと大きいのはありますか?

# È un po' piccola.
エ　ウン　ポー　　ピッコラ

## C'è più grande?
チェ　ピュー　　グランデ

※piccola(小さい)は
女性名詞を指す場合。男
性名詞ならpiccolo[ピッ
コロ]になります。

 **STAFF**
はい、これがあります。

# Sì, c'è questa.
スィ　チェ　　クエスタ

 **MARIKO**
これで結構です。クレジットカードで
払ってもいいですか?

# Questa va bene. Posso pagare
クエスタ　　ヴァ　ベーネ　　　ポッソ　　パガーレ

## con carta di credito?
コン　カルタ　ディ　クレディト

■セーター
maglione
マッリョーネ

■ジャケット
giacca
ジャッカ

■Tシャツ
maglietta
マッリェッタ

■ズボン
pantaloni
パンタローニ

■スカート
gonna
ゴンナ

PARTE
5

いろいろな場面で使える！ 目的別フレーズ

色を表す形容詞には、修飾する名詞の性と数に合わせて語尾変化するものと、しないものがあります。

sciarpa nera = 黒いマフラー
シャルパ　　　ネーラ

▼語尾変化するもの

| ■黒い | ■青い（水色の） |
|---|---|
| nero ネーロ | azzurro アッズッロ |
| ■グレーの | ■黄色い |
| grigio グリジョ | giallo ジャッロ |
| ■白い | ■茶色い |
| bianco ビャンコ | marrone マルローネ |
| ■赤い | ■緑色の |
| rosso ルロッソ | verde ヴェルデ |

▶ 語尾変化しないもの

| ■ピンクの |
|---|
| rosa ルローザ |
| ■紫色の |
| viola ヴィオーラ |
| ■オレンジ色の |
| arancione アランチョーネ |
| ■紺色の |
| blu ブルー |
| ■ベージュの |
| beige ベージュ |

# 依頼する

バールの店員やタクシーの運転手などに何かをしてもらいたい時に使える便利な表現です。

 音声 72

## ～していただけますか?

# Può + 動詞の原形 ～?

プオー

**potere の三人称単数**

può は補助動詞 potere（ポテーレ）（～できる）の三人称単数で、Lei（レイ）（あなた）に対する敬語表現です。主語代名詞 Lei は省略されています。

## 温めていただけますか?

| プオー **Può** ～していただけますか? | リスカルダーレ riscaldare 温める | , | ペル ファヴォーレ per favore （どうぞ） | ? |

※バールや惣菜店などで使える便利な表現です。

## 🔑 キーワード
**Parole chiave** 相手にしてほしいこと

Può のあとに動詞の原形と目的語などを加えて、いろいろなお願いをしてみましょう。

### タクシーで ••••••••••••••••••••••••••••••••

**Può** ＋ ■消す / spegnere（スペンニェレ） ＋ ■たばこ / la sigaretta（ラ スィガレッタ） ？

ブオー

＝たばこを消していただけますか？

**Può** ＋ ■つける / accendere（アッチェンデレ） ＋ ■エアコン / l'aria condizionata（ラリア コンディツィオナータ） ？

ブオー

＝エアコンをつけていただけますか？

### ショップで ••••••••••••••••••••••••••••••••

**Può** ＋ ■小包にする / impacchettare（インパッケッターレ） ＋ ■別々に / separatamente（セパラタメンテ） ？

ブオー

＝別々に包んでいただけますか？

**PARTE 5**

い
ろ
い
ろ
な
場
面
で
使
え
る
！
目
的
別
フ
レ
ー
ズ

---

### 聞き取れない場合 ••••••••••••••••••••••••

相手の言うことが聞き取れなかった時に役立つ表現です。

もう一度言っていただけますか？
**Può** ripetere, per favore?
ブオー リペーテレ ペル ファヴォーレ

ゆっくり話していただけますか？
**Può** parlare lentamente, per favore?
ブオー パルラーレ レンタメンテ ペル ファヴォーレ

**STAFF**
こんばんは。ご注文をどうぞ。
Buonasera. Prego, mi dica.
ブオナセーラ　プレーゴ　ミ　ディーカ

※mi（私に）+dica（言う）で、注文をうながす表現です。

**HIROSHI**
えーと、このピザを一切れ、持ち帰りでお願いします。
Allora, un pezzo di questa pizza
アッローラ　ウン　ペッツォ　ディ　クェスタ　ピッツァ
da portare via, per favore.
ダ　ポルターレ　ヴィーア　ペル　ファヴォーレ

※portare は「持っていく」という意味。

**STAFF**
ピザはこれくらいで大丈夫ですか?
La pizza va bene così?
ラ　ピッツァ　ヴァ　ベーネ　コズィー

**HIROSHI**
いいえ、もっと大きく。
No, di più.
ノ　ディ　ピュー

※「もっと小さく」と言いたいなら di meno［ディメノ］です。

**STAFF**
これでいいですか?
Così?
コズィー

**HIROSHI**
はい、結構です。温めていただけますか?
Sì, va bene.
スィ　ヴァ　ベーネ
Può riscaldare, per favore?
プオー　リスカルダーレ　ペル　ファヴォーレ

※riscaldare は、冷めたものを温め直す、という意味です。

**STAFF**
かしこまりました。他にご注文は?
Certo. Altro?
チェルト　アルトゥロ

**HIROSHI**
以上です、ありがとう。
Basta, grazie.
バスタ　グラツィエ

## キーワード
## Parole chiave イタリアのおいしい惣菜

音声
75

■ ライスコロッケ

**supplì** (トマト味)
スップリー

**arancino** (サフラン味)
アランチーノ

■ 鶏肉のロースト

**pollo arrosto**
ポッロ　　アルロースト

※トマト味はローマ風。イラストはサフラン味のシチリア風です。

■ トマトのご飯詰め

**pomodori con riso**
ポモドーリ　　　コン　　リーゾ

■ ジャガイモのオーブン焼き

**patate al forno**
パターテ　アル　フォルノ

■ ペンネ・アラビアータ

**penne all'arrabbiata**
ペンネ　　　アッラッラッビャータ

■ ラザニア

**lasagna/lasagne**
ラザンニャ　　ラザンニェ

PARTE
5

いろいろな場面で使える！ 目的別フレーズ

---

pausa caffè　**簡単レシピの菜の花パスタ**

　春になると小さな黄色い花を咲かせるのが、菜の花によく似た植物 cime di rapa [チーメ ディ ラーパ]。この茎はプーリア州でパスタ料理に使われます。茎を3センチくらいに切ったら、オリーブオイル、ニンニクとアンチョビを入れたフライパンで炒め、茹でたオレキエッテ（耳たぶ形のパスタ）とからめるだけ。菜の花を使って、作ってみてください。

115

# 要望を伝える

自分の要望を相手に伝える際のフレーズです。ホテルやレストランなどに予約を入れたり、確認したりするのにも使える便利な表現です。

音声 76

## ～したいのですが。

## Vorrei + 動詞の原形 ～.

ヴォルレーイ

↑

**volere の一人称単数**

vorrei は補助動詞 volere（～したい）の条件法一人称単数です。「できれば～したいのですが」というやわらかいニュアンスで要望を伝えます。

### オペラを見たいのですが。

| ヴォルレーイ **Vorrei** ～したいのですが | ヴェデーレ vedere 見る | ロペラ l'opera オペラ | . |

### あさりのスパゲティを食べたいのですが。

| ヴォルレーイ **Vorrei** ～したいのですが | マンジャーレ mangiare 食べる |
| ツリィ スパゲッティ gli spaghetti スパゲティを | アッレ ヴォンゴレ alle vongole あさりの | . |

## キーワード
### Parole chiave 自分がしたいこと

Vorrei のあとに動詞の原形と目的語を加えて、いろいろな要望を伝えてみ
ましょう。

### 両替所／ホテルで・・・・・・・・・・・・・・・・・・・・・・・

**Vorrei +**
ヴォルレーイ

| ■変える | ■日本円 |
| --- | --- |
| cambiare<br>カンビャーレ | yen giapponesi<br>イェン　ジャッポネーズィ . |

=日本円を両替したいのですが。

| ■部屋 |
| --- |
| camera<br>カーメラ . |

=部屋を換えたいのですが。

### 予約と確認 ・・・・・・・・・・・・・・・・・・・・・・・・・・

**Vorrei +**
ヴォルレーイ

| ■予約する | ■1つの部屋 | | ■ダブル |
| --- | --- | --- | --- |
| prenotare<br>プレノターレ | una camera<br>ウナ　カーメラ | + | doppia<br>ドッピャ |

=ダブルの部屋を予約したいのですが。

| ■テーブル | | ■2人の |
| --- | --- | --- |
| un tavolo<br>ウン　ターヴォロ | + | per due persone<br>ペル ドゥーエ　ペルソーネ . |

=2名でテーブル席を予約したいのですが。

**Vorrei +**
ヴォルレーイ

| ■確かめる | | ■予約 |
| --- | --- | --- |
| controllare<br>コントゥロッラーレ | + | la prenotazione<br>ラ　プレノタツィオーネ . |

=予約を確認したいのですが。

いろいろな場面で使える！目的別フレーズ

音声
78

MARIKO

バスタブ付きの部屋を予約したいのですが。

Vorrei prenotare una camera

ヴォルレーイ　　プレノターレ　　ウナ　　カーメラ

con vasca da bagno.

コン　　ヴァスカ　　ダ　　バンニョ

※vasca（水槽）＋da bagno（入浴用の）で「バスタブ」という意味です。

STAFF

いつですか?

Per quando?

ペル　　クワンド

MARIKO

5月5日から10日までです。

Dal 5 al 10 maggio.

ダル　チンクェ　アルディエーチ　マッジョ

※maggio は「5月」（日付の表現はp.18参照）。

STAFF

5泊、かしこまりました。お名前は?

Cinque notti, benissimo.

チンクェ　　ノッティ　　ベニッスィモ

A che nome?

アッケ　　ノーメ

MARIKO

ミヤザキマリコです。部屋代はいくらですか?

Mariko Miyazaki.

マリコ　　　　ミヤザキ

Quanto viene la camera?

クワント　　ヴィエーネ　ラ　　カーメラ

STAFF

朝食付きで、1泊120ユーロです。

120 euro a notte,

チェントヴェンティ　エウロ　ア　　ノッテ

colazione compresa.

コラツィオーネ　　　コンプレーザ

※colazione は「朝食」。compresa（含む）は、同じ意味のinclusa［インクルーザ］にしてもOK。

MARIKO

それで結構です。

Allora va bene.

アッローラ　ヴァ　　ベーネ

## キーワード
**Parole chiave** 部屋の種類と食事

音声
79

■ シングルルーム

# camera singola
カーメラ　　　　スィンゴラ

■ ダブルルーム

# camera doppia
カーメラ　　　　ドッピャ

■ ダブルベッド付きの部屋

# camera matrimoniale
カーメラ　　　　マトゥリモニャーレ

▼ camera〜（〜部屋）
　カーメラ

■ シャワー付きの

# con doccia
コン　　　ドッチャ

■ 眺めのいい

# con vista
コン　　ヴィスタ

■ 海に面した

# con vista sul mare
コン　　ヴィスタ　スル　マールレ

■ 静かな

# silenziosa
スィレンツィオーザ

**PARTE 5**

いろいろな場面で使える！ 目的別フレーズ

■ 朝食

# (prima) colazione
プリマ　　　コラツィオーネ

■ ランチ

# pranzo
プランツォ

■ ディナー

# cena
チェーナ

■ コンチネンタル・ブレックファスト

# continental breakfast
コンティネンタル　　　ブレックファストゥ

■ アメリカン・ブレックファスト

# american breakfast
アメリカン　　　ブレックファースト

119

# 教えてもらう

慣れない旅先では、わからないことがいろいろあるでしょう。そんな時は近くのイタリア人に声をかけて、教えてもらうのが一番です。

音声
80

〜すればいいですか？

疑問詞 + devo 〜？

デーヴォ

↑

dovere の一人称単数

　疑問詞と補助動詞 dovere（ドヴェーレ）（〜しなければならない）を組み合わせた表現です。dove（どこ）を使った表現を見てみましょう。

## どこで降りればいいですか？

ドーヴェ　　　デーヴォ
**Dove devo**
どこで〜すればいいですか？

シェンデレ
**scendere**
降りる

**？**

★イタリアのバスは車内アナウンスがなく、詳しいバス停の表示もないので、運転手とのコミュニケーションが必要になります。運転手に行き先を伝えて、降りる場所を教えてもらいましょう。

## 返答例

　返答にも devo が使われます。

3番目の停留所で降りてください。
**Deve** scendere alla terza fermata.
デーヴェ　　　シェンデレ　　　アッラ　テルツァ　フェルマータ

## キーワード
## Parole chiave  教えてほしいこと

音声
81

疑問詞と devo の組み合わせのあとに動詞の原形などを加えて、いろいろなことを教えてもらいましょう。

## dove（どこ）＋ devo ••••••••••••••••••••••••••••••••

💬 **Dove devo ＋**
ドーヴェ　デーヴォ

| ■変える |
|---|
| cambiare |
| カンビャーレ |

＋

| ■電車 |
|---|
| treno |
| トゥレーノ |

？

＝どこで電車を乗り換えればいいですか？

💬 **Deve cambiare a Termini.**
デーヴェ　　カンビャーレ　ア　テールミニ

＝テルミニ駅で乗り換えてください。

※ deve は「あなた」に対する dovere の活用形。親しみを込めて「君」に対する devi [デーヴィ] が使われる場合もあります。

## come（どうやって）＋ devo ••••••••••••••••••••••••

💬 **Come devo ＋**
コーメ　デーヴォ

| ■する、行う |
|---|
| fare |
| ファーレ |

？

＝どうすればいいですか？

💬 **Deve fare così.** ＝こうしてください。
デーヴェ　ファーレ　コズィー

## che mezzi（どんな手段）＋ devo ••••••••••••••••••

💬 Per andare al Vaticano
ペランンダーレ　アル　ヴァティカーノ

**che mezzi devo ＋**
ケ　メッズィ　デーヴォ

| ■乗る |
|---|
| prendere |
| プレンデレ |

？

＝バチカンに行くにはどの交通機関に乗ればいいですか？

💬 **Deve prendere la metro linea A.**
デーヴェ　プレンデレ　ラ　メトッロ　リネア　ア

＝地下鉄のA線に乗ってください。

PARTE
5

いろいろな場面で使える！ 目的別フレーズ

121

**MARIKO**

すみません、カタコンベへ行かなければなりません。
どこで降りればいいですか?

Scusi, devo andare alle Catacombe.
スクーズィ　デーヴォ　アンダーレ　アッレ　カタコンベ

Dove devo scendere?
ドーヴェ　デーヴォ　シェンデレ

★Catacombe（カタコンベ）とは、ローマ時代のキリスト教の地下墓地で、観光名所です。

**AUTISTA**

4つ目です。
私が教えますから、こちらでお待ちください。

Alla quarta.
アッラ　クワルタ

Aspetti qui, glielo dico io.
アスペッティ　クィ　ッリェーロ　ディーコ　イオ

※autista [アウティスタ]は「運転手」という意味です。

※quarta のあとには fermata [フェルマータ]（停留所）が省略されています。

**MARIKO**

はい、ありがとうございます。

Sì, grazie.
スィ　グラツィエ

**目的地に着いて**

**AUTISTA**

ほら、こちらです。

Ecco, è qui.
エッコ　エ　クィ

**MARIKO**

たびたびすみません、帰りのチケットを
買わなければなりません。

Scusi ancora, devo comprare
スクーズィ　アンコーラ　デーヴォ　コンプラーレ

il biglietto per il ritorno.
イル　ビッリェット　ペル　イル　リトルノ

※ancora は「また、再び」という意味。

この近くにたばこ屋はありますか?

C'è una tabaccheria qui vicino?
チェ　ウナ　タバッケリーア　クィ　ヴィチーノ

★イタリアのたばこ屋では、バスの切符も扱っています。

**AUTISTA**

はい、そこです。

Sì, è lì.
スィ　エ　リ

■ ワインショップ、ワインバー
**enoteca**
エノテーカ

■ スーパーマーケット
**supermercato**
スーペルメルカート

■ パン屋
**panetteria/panificio**
パネッテリーア　　パニフィーチョ

■ ケーキ屋
**pasticceria**
パスティッチェリーア

※他に「オーブン」という意味の forno［フォルノ］も「パン屋」という意味で使われます。

■ 書店
**libreria**
リブレリーア

■ トラットリア
**trattoria**
トゥラットリーア

■ インターネットカフェ
**internet point**
インテルネットゥ　ポイントゥ

■ 花屋
**fioraio**
フィオラーイヨ

PARTE
5

いろいろな場面で使える！ 目的別フレーズ

123

# 好みを伝える

自分が好きなもののことを話す時に便利なのが、動詞 piacere。イタリア語では「〜が私に好かれている」という表現を使います。

好きなものが単数形の名詞の場合は三人称単数の piace ですが、複数形の場合は三人称複数 piacciono になります。

## 私はジェラートが好きです。

## 私はスパゲティが好きです。

※一般的に好みの話をする場合、液体（ワインなど）、クリーム状（ジェラートなど）、小さな粒状（米など）、粉状（砂糖など）の物は単数形で使われますが、例外もあります。

**間接目的語代名詞** ・・・・・・・・・・・・・・・・・・・・・・・

mi（私に）以外の代名詞もまとめて覚えておきましょう。

| 私に | mi<br>ミ | 私たちに | ci<br>チ |
|---|---|---|---|
| 君に | ti<br>ティ | 君たちに | vi<br>ヴィ |
| あなたに | Le<br>レ | あなた<br>たちに | |
| 彼に | gli<br>ツリィ | 彼らに | gli<br>ツリィ |
| 彼女に | le<br>レ | 彼女らに | |

彼は犬が好きです。

# Gli piacciono i cani.
ツリィ　　　ピャッチョノ　　イ　カーニ

※一般的に「犬が好き」は複数形になります。

いろいろな場面で使える！ 目的別フレーズ

🔑 🔊 **キーワード**
**Parole chiave** 好きなこと

音声
85

Mi piace のあとに名詞を続けると、好きな「もの」を表しますが、ここでは
動詞の原形を続けて、自分が好きな「こと」を表してみましょう。

■泳ぐ

**Mi piace** ＋　nuotare　．
ミ　ピャーチェ　　　ヌオターレ

＝私は泳ぐのが好きです。

・・・・・・・・・・・・・・・・・・・・・・・・・・・・・・・・・・・・・・・・・・・・・・

■読む　　　　　　■本

**Mi piace** ＋　leggere　＋　i libri
ミ　ピャーチェ　　　レッジェレ　　　イ リーブリ

＝私は読書が好きです。

・・・・・・・・・・・・・・・・・・・・・・・・・・・・・・・・・・・・・・・・・・・・・・

■勉強する　　　　　■イタリア語

**Mi piace** ＋　studiare　＋　l'italiano　．
ミ　ピャーチェ　　　ストゥディアーレ　　　リタリアーノ

＝私はイタリア語を勉強するのが好きです。

ANTONIO

君はジェラートは好き？

## Ti piace il gelato?
ティ　ピャーチェ　イル　ジェラート

MARIKO

もちろん！

## Sì, certo!
スィ　チェルト

ANTONIO

じゃあ、ジェラート店へ行こうよ。
僕がおごるよ！ 何の味にする？

## Allora andiamo in gelateria.
アッローラ　　　アンディヤーモ　イン　　ジェラテリーア

## Offro io!  Che gusti?
オッフロ　イオ　　　ケ　　グスティ

※ offrire［オッフリーレ］
（提供する）を使った表
現。gusti は gusto［グス
ト］（味）の複数形です。

MARIKO

チョコレートとヘーゼルナッツに
生クリームのトッピングで。

## Cioccolato e nocciola
チョッコラート　　エ　　ノッチョーラ

## con panna.
コン　　　パンナ

※con（～付きの）＋
panna（生クリーム）で
「生クリームのトッピン
グ」という意味です。

▶ ジェラート店で

ANTONIO

こんにちは。
コーンを2つ、チョコレートとヘーゼルナッツに
生クリームのトッピングでお願いします。

## Buongiorno.
ブオンジョルノ

## Due coni cioccolato e nocciola
ドゥーエ　　コーニ　　　チョッコラート　　エ　　　ノッチョーラ

## con panna, per favore.
コン　　　　パンナ　　　　ペル　　ファヴォーレ

※coni は cono［コーノ］
の複数形。注文をする際
にはまずコーンかカップ
（coppetta［コッペッタ］）
かを伝えます。

## キーワード
## Parole chiave ジェラートのフレーバー

■バニラ

### crema
クレーマ

■ミルク

### fior di latte
フィオル ディ　ラッテ

■マーブルチョコ

### stracciatella
ストゥラッチャテッラ

■ピスタチオ

### pistacchio
ピスタッキョ

■ヘーゼルナッツ風味のチョコ

### bacio
バーチョ

■卵クリーム

### zabaione
ザバヨーネ

★zabaione とは、マルサラ酒（シチリア島マルサラで作られる果実酒）を卵ベースのクリームに加えたもの。

gelato

| ■イチゴ | ■レモン | ■メロン |
|---|---|---|
| fragola | limone | melone |
| フラーゴラ | リモーネ | メローネ |
| ■パイナップル | ■エスプレッソ | ■ミント |
| ananas | caffè | menta |
| アナナス | カッフェー | メンタ |

PARTE 5

いろいろな場面で使える！ 目的別フレーズ

### pausa caffè 真冬でもジェラート

　イタリア人は子どもから大人まで甘いものが大好きですが、一番人気なのはジェラート。ジェラート店は一年中繁盛していて、真冬でもコートにマフラー姿でジェラートを食べる人を見かけるほどです。イタリアでは生クリーム（panna）のトッピングがサービスなので、ぜひ試してみてください。

# 経験を表す

近過去（p.40〜41参照）を使って今まで経験したことを話せるようになれば、イタリア人との会話がより深いものになります。

音声 88

〜しました

## avere/essere ＋ 過去分詞

アヴェーレ　　　　エッセレ

ほとんどの　　　一部の動詞に
動詞に

　経験したことを表すには、助動詞 avere/essere のあとに動詞の過去分詞を続けます。avere/essere は主語の性と数によって変化します。

## 私は日本でイタリア語を勉強しました。

| オ Ho（私は）〜ました | ストゥデャート studiato 勉強した | イタリアーノ italiano イタリア語 | イン　ジャッポーネ in Giappone 日本で |
|---|---|---|---|

.

## 私たちは9時に出発しました。

| スィアーモ Siamo（私たちは）〜ました | パルティーティ partiti 出発した | アッレ　ノーヴェ alle 9:00 9時に |
|---|---|---|

.

※近過去では avere/essere の形から主語がわかるので、通常主語は省略されます。

128

## 🔑 キーワード
### Parole chiave 経験したこと

音声 89

助動詞 avere/essere のあとに動詞の過去分詞を続けて、いろいろな過去の出来事を伝えてみましょう。

## avere + 過去分詞 ・・・・・・・・・・・・・・・・・・・・・・・・

**Ho** + | ■忘れた<br>dimenticato<br>ディメンティカート | + | ■鍵<br>la chiave<br>ラ　キャーヴェ | + | ■部屋に<br>in camera<br>イン　カーメラ | .

オ

＝私は部屋に鍵を忘れました。

**Abbiamo** + | ■食べた<br>mangiato<br>マンジャート |

アッビャーモ

■たいへんよく<br>benissimo<br>ベニッスィモ .

＝私たちはとてもおいしく食べました。

■ステーキ<br>la bistecca<br>ラ　ビステッカ + ■フィレンツェ風の<br>alla fiorentina<br>アッラ フィオレンティーナ .

＝私たちはフィレンツェ風ステーキを
食べました。

## essere + 過去分詞 ・・・・・・・・・・・・・・・・・・・・・・・・

**Sono** + | ■行った（女性・単数）<br>andata<br>アンダータ | + | ■ウフィツィ美術館に<br>alla Galleria degli Uffizi<br>アッラ　ガッレリーア　デッリィ　ウッフィツィ | .

ソーノ

＝私はウフィツィ美術館に行きました。

PARTE
5

いろいろな場面で使える！ 目的別フレーズ

129

# 過去の状態を表す

過去の状態を説明したり、天気の話をするには半過去（p.42〜43参照）を使います。

〜でした
## era ＋ 形容詞
エーラ

↑
**essere の半過去**

essere（〜である）などの動詞を半過去の活用形にして、形容詞を続けると、過去の状態を表すことができます。半過去の三人称単数 era と形容詞を組み合わせた表現を見てみましょう。

## 天気がよかった。

| イル　テンポ | エーラ | ベッロ |
|---|---|---|
| **Il tempo** | **era** | **bello** . |
| 天気 | 〜でした | よい |

※「天気が悪かった」という場合は、形容詞 cattivo［カッティーヴォ］（悪い）を使います。

### 気候を表す場合

気候を表す場合は、動詞 essere ではなく fare を使います。
ファーレ

Faceva ┬ caldo. ＝暑かった。
ファチェーヴァ 　カルド

　　　　└ freddo. ＝寒かった。
　　　　　　フレッド

※faceva は fare の半過去、三人称単数の活用形です。

130

## キーワード
## Parole chiave 過去の状態

音声
91

era のあとに形容詞を続けて、いろいろな過去の状態を表してみましょう。

■曇った

**Era** + nuvoloso .
エーラ　　ヌヴォローゾ

※天気を表す場合、通常主語は省略されます。また、「雨」「雪」の場合は era は使わず、動詞の活用形pioveva[ピョヴェーヴァ]（雨が降った）、nevicava[ネヴィカーヴァ]（雪が降った）のみで表します。

＝曇りでした。

■大きい

La camera **era** + grande .
ラ　カーメラ　エーラ　　　グランデ

＝部屋は大きかった。

※「小さかった」という場合は、形容詞 piccola[ピッコラ] を使います。

■（値段が）高い

Il ristorante **era** + caro .
イル　リストランテ　エーラ　　カーロ

※「高くなかった」という場合は、era の前に否定の non[ノン] を置きます。

＝レストランは高かった。

PARTE
5

いろいろな場面で使える！ 目的別フレーズ

### 最上級の作り方

　形容詞や副詞の語尾を -issimo にすれば、度合いや程度がとても高いことを表す最上級になります。

※語尾が -o の形容詞（p.28参照）と同様、-issimi（男性・複数）、-issima（女性・単数）、-issime（女性・複数）と語尾変化します。

ワインが最高においしかった！
Il vino era buon**issimo**!
イル ヴィーノ エーラ　　ブオニッスィモ

ピザが最高においしかった！
La pizza era buon**issima**!
ラ　ピッツァ　エーラ　　ブオニッスィマ

131

# おさらい練習問題

**①** potere、volere、dovere のいずれか適切なものを
正しい活用形にして、空欄に記入してください。

| | riscaldare, per favore? |
|---|---|

（温めていただけますか?）

Dove [　　　　　] scendere?

（どこで降りればいいですか?）

| | prenotare una camera. |
|---|---|

（部屋を予約したいのですが）

| | assaggiare? |
|---|---|

（味見してもいいですか?）

**②** piace、piacciono のどちらか適切なほうを、
空欄に記入してください。

Mi [　　　　　] gli spaghetti.

（私はスパゲティが好きです）

Mi [　　　　　] il gelato.

（私はジェラートが好きです）

132

**③** 過去形の文が完成するよう、左右を線でつないでください。

Ho •　　　　　　• andati a Roma.

Siamo •　　　　　• studiato italiano.

Faceva •　　　　• mangiato benissimo.

Era •　　　　　　• caldo.

Abbiamo •　　　• andato in Sicilia.

Sono •　　　　　• nuvoloso.

**解答：** ① Puo／devo／Vorrei／Posso ② piacciono／piace
③ Ho studiato italiano.＝私はイタリア語を勉強しました。／
Siamo andati a Roma.＝私たちはローマに行きました。／
Faceva caldo.＝暑かった。／Era nuvoloso.＝曇りでした。／
Abbiamo mangiato benissimo.＝私たちはとてもおいしく食べました。／
Sono andato in Sicilia.＝私はシチリアに行きました。

# 動 詞 活 用 表

動詞は主語の人称と数によって変化しますが、原形の語尾で3つに分かれるグループごとにパターンが異なり、不規則に活用する動詞もあります。

よく使う動詞の活用形をまとめましたので、現在形は io/tu/noi から少しずつ覚えていきましょう。

| 現在形の活用 | |
|---|---|

**不規則変化**

### essere
エッセレ　　～である

| io **sono** ソーノ | noi **siamo** スィアーモ |
|---|---|
| tu **sei** セーイ | voi **siete** スィエーテ |
| lui/lei **è** エ | loro **sono** ソーノ |

**不規則変化**

### avere
アヴェーレ　　～を持っている

| io **ho** オ | noi **abbiamo** アッピャーモ |
|---|---|
| tu **hai** アーイ | voi **avete** アヴェーテ |
| lui/lei **ha** ア | loro **hanno** アンノ |

**規則変化**

### mangiare
マンジャーレ　食べる

| io **mangio** マンジョ | noi **mangiamo** マンジャーモ |
|---|---|
| tu **mangi** マンジ | voi **mangiate** マンジャーテ |
| lui/lei **mangia** マンジャ | loro **mangiano** マンジャノ |

**不規則変化**

### bere
ベーレ　　飲む

| io **bevo** ベーヴォ | noi **beviamo** ベヴィャーモ |
|---|---|
| tu **bevi** ベーヴィ | voi **bevete** ベヴェーテ |
| lui/lei **beve** ベーヴェ | loro **bevono** ベーヴォノ |

### 規則変化

**dormire** 寝る
ドルミーレ

| io **dormo** | noi **dormiamo** |
|:---:|:---:|
| ドルモ | ドルミャーモ |
| tu **dormi** | voi **dormite** |
| ドルミ | ドルミーテ |
| lui/lei **dorme** | loro **dormono** |
| ドルメ | ドルモノ |

### 不規則変化

**fare** する、作る
ファーレ

| io **faccio** | noi **facciamo** |
|:---:|:---:|
| ファッチョ | ファッチャーモ |
| tu **fai** | voi **fate** |
| ファーイ | ファーテ |
| lui/lei **fa** | loro **fanno** |
| ファ | ファンノ |

### 規則変化

**partire** 出発する
パルティーレ

| io **parto** | noi **partiamo** |
|:---:|:---:|
| パルト | パルティャーモ |
| tu **parti** | voi **partite** |
| パルティ | パルティーテ |
| lui/lei **parte** | loro **partono** |
| パルテ | パルトノ |

### 不規則変化

**finire** 終わる、終える
フィニーレ

| io **finisco** | noi **finiamo** |
|:---:|:---:|
| フィニスコ | フィニャーモ |
| tu **finisci** | voi **finite** |
| フィニッシ | フィニーテ |
| lui/lei **finisce** | loro **finiscono** |
| フィニッシェ | フィニスコノ |

### 不規則変化

**andare** 行く
アンダーレ

| io **vado** | noi **andiamo** |
|:---:|:---:|
| ヴァード | アンディャーモ |
| tu **vai** | voi **andate** |
| ヴァーイ | アンダーテ |
| lui/lei **va** | loro **vanno** |
| ヴァ | ヴァンノ |

### 不規則変化

**venire** 来る
ヴェニーレ

| io **vengo** | noi **veniamo** |
|:---:|:---:|
| ヴェンゴ | ヴェニャーモ |
| tu **vieni** | voi **venite** |
| ヴィエーニ | ヴェニーテ |
| lui/lei **viene** | loro **vengono** |
| ヴィエーネ | ヴェンゴノ |

| studiare 勉強する ストゥディアーレ | 規則変化 |
| --- | --- |
| io **studio** ストゥディオ | noi **studiamo** ストゥディアーモ |
| tu **studi** ストゥディ | voi **studiate** ストゥディアーテ |
| lui/lei **studia** ストゥディア | loro **studiano** ストゥディアノ |

| vedere 見る ヴェデーレ | 不規則変化 |
| --- | --- |
| io **vedo** ヴェード | noi **vediamo** ヴェディアーモ |
| tu **vedi** ヴェーディ | voi **vedete** ヴェデーテ |
| lui/lei **vede** ヴェーデ | loro **vedono** ヴェードノ |

| comprare 買う コンプラーレ | 規則変化 |
| --- | --- |
| io **compro** コンプロ | noi **compriamo** コンプリアーモ |
| tu **compri** コンプリ | voi **comprate** コンプラーテ |
| lui/lei **compra** コンプラ | loro **comprano** コンプラノ |

| potere 〜できる ポテーレ | 不規則変化 |
| --- | --- |
| io **posso** ポッソ | noi **possiamo** ポッスィアーモ |
| tu **puoi** プオーイ | voi **potete** ポテーテ |
| lui/lei **può** プオー | loro **possono** ポッソノ |

| dovere 〜しなくてはならない ドヴェーレ | 不規則変化 |
| --- | --- |
| io **devo** デーヴォ | noi **dobbiamo** ドッピャーモ |
| tu **devi** デーヴィ | voi **dovete** ドヴェーテ |
| lui/lei **deve** デーヴェ | loro **devono** デーヴォノ |

| volere 〜したい ヴォレーレ | 不規則変化 |
| --- | --- |
| io **voglio** ヴォッリョ | noi **vogliamo** ヴォッリャーモ |
| tu **vuoi** ヴォーイ | voi **volete** ヴォレーテ |
| lui/lei **vuole** ヴォーレ | loro **vogliono** ヴォッリョノ |

助動詞 **avere** を使って

io **ho**
tu **hai**
lui/lei **ha**
noi **abbiamo**
voi **avete**
loro **hanno**

+

●食べた
(mangiare の過去分詞)
**mangiato**
マンジャート

●飲んだ
(bere の過去分詞)
**bevuto**
ベヴート

●寝た
(dormire の過去分詞)
**dormito**
ドルミート

●～した、作った
(fare の過去分詞)
**fatto**
ファット

●見た
(vedere の過去分詞)
**visto**
ヴィスト

●勉強した
(studiare の過去分詞)
**studiato**
ストゥダート

●行った
(andare の過去分詞)

助動詞 **essere** を使って

主語が男性の場合

io **sono**
tu **sei**
lui **è**
+ **andato**
アンダート

noi **siamo**
voi **siete**
loro **sono**
+ **andati**
アンダーティ

主語が女性の場合

io **sono**
tu **sei**
lei **è**
+ **andata**
アンダータ

noi **siamo**
voi **siete**
loro **sono**
+ **andate**
アンダーテ

●～だった
(essere の半過去)

| io **ero** エーロ | noi **eravamo** エラヴァーモ |
| tu **eri** エーリ | voi **eravate** エラヴァーテ |
| lui/lei **era** エーラ | loro **erano** エラノ |

付録① 動詞活用表

# 付録②
# 単 語 帳

## 野菜
### *verdura*

| | |
|---|---|
| ☐ トマト | pomodoro |
| ☐ ナス | melanzana |
| ☐ カボチャ | zucca |
| ☐ ズッキーニ | zucchini 🔵 |
| ☐ ブロッコリー | broccoli 🔵 |
| ☐ カリフラワー | cavolfiore |
| ☐ アスパラガス | asparagi 🔵 |
| ☐ ホウレン草 | spinaci 🔵 |
| ☐ パセリ | prezzemolo |
| ☐ セロリ | sedano |
| ☐ レタス | lattuga |
| ☐ キャベツ | cavolo |
| ☐ ピーマン | peperone |
| ☐ ニンジン | carota |
| ☐ ジャガイモ | patata |
| ☐ タマネギ | cipolla |
| ☐ 長ネギ | porro |
| ☐ 豆 | fagioli 🔵 |
| ☐ そら豆 | fave 🔵 |
| ☐ インゲン豆 | fagiolini 🔵 |
| ☐ エンドウ豆 | piselli 🔵 |
| ☐ キノコ | funghi 🔵 |
| ☐ ニンニク | aglio |
| ☐ オレガノ | origano |
| ☐ ケーパー | capperi 🔵 |

## 果物
### *frutta*

| | |
|---|---|
| ☐ リンゴ | mela |
| ☐ 洋梨 | pera |
| ☐ オレンジ | arancia |
| ☐ ミカン | mandarino |
| ☐ レモン | limone |
| ☐ イチゴ | fragola |
| ☐ サクランボ | ciliegia |
| ☐ イチジク | fico |
| ☐ メロン | melone |
| ☐ スイカ | anguria/ cocomero |
| ☐ ブドウ | uva |
| ☐ 桃 | pesca |
| ☐ 杏 | albicocca |
| ☐ パイナップル | ananas |

## 肉
### *carne*

- ☐ 仔牛肉　　vitello
- ☐ 牛肉　　　manzo
- ☐ 豚肉　　　maiale
- ☐ 鶏肉　　　pollo
- ☐ 仔羊肉　　agnello
- ☐ 兎肉　　　coniglio
- ☐ 猪肉　　　cinghiale

## 魚介類
### *pesce e frutti di mare*

- ☐ アサリ　　vongole
- ☐ ムール貝　cozze
- ☐ カキ　　　ostriche
- ☐ 甲イカ　　seppia
- ☐ ヤリイカ　calamari
- ☐ タコ　　　polpo
- ☐ エビ　　　gamberi
- ☐ 伊勢エビ　aragosta
- ☐ カニ　　　granchio
- ☐ ウナギ　　anguilla
- ☐ アンチョビ　acciughe
- ☐ イワシ　　sarde
- ☐ スズキ　　spigola
- ☐ クロダイ　orata
- ☐ 舌平目　　sogliola
- ☐ タラ　　　merluzzo
- ☐ マグロ　　tonno
- ☐ メカジキ　pesce spada

## 調味料
### *condimenti*

- ☐ 塩　　　　　sale
- ☐ コショウ　　pepe
- ☐ 唐辛子　　　peperoncino
- ☐ オリーブオイル　olio di oliva
- ☐ ヴィネガー　aceto
- ☐ バルサミコ酢　aceto balsamico

## テーブル関連
### *tavolo*

- ☐ テーブルクロス　tovaglia
- ☐ ナプキン　　tovagliolo
- ☐ グラス　　　bicchiere
- ☐ ティースプーン　cucchiaino
- ☐ スプーン　　cucchiaio
- ☐ フォーク　　forchetta
- ☐ ナイフ　　　coltello
- ☐ 皿　　　　　piatto
- ☐ 小皿　　　　piattino

付録②
単語帳

- □ エスプレッソ　　caffè
  - ミルク入り〜　　〜macchiato
  - アルコール入り〜　　〜corretto
  - ロング〜　　〜lungo
  - ダブル〜　　〜doppio

★普通より長く抽出してお湯で薄めた「ロングエスプレッソ」はマイルドな味わい。「ダブルエスプレッソ」は2杯分のエスプレッソです。

- □ コーヒー　　caffè americano
- □ カプチーノ　　cappuccino
- □ カフェオレ　　caffellatte
- □ 紅茶　　tè
- □ ホットチョコレート　cioccolata calda
  - 生クリームトッピングの〜　　〜con panna
- □ 果物のジュース　　succo di frutta
- □ 生ジュース　　spremuta
  - オレンジの〜　　〜di arancia
  - グレープフルーツの〜　　〜di pompelmo
  - レモンの〜　　〜di limone
- □ ミネラルウォーター　acqua minerale
  - ガス入りの〜　　〜con gas
  - ガスなしの〜　　〜senza gas
- □ 氷　　ghiaccio
- □ 砂糖　　zucchero
- □ ミルク　　latte

- □ ビール　　birra
- □ 生ビール　　birra alla spina
- □ 白ワイン　　vino bianco
  - 辛口の〜　　〜secco
  - 甘口の〜　　〜dolce
- □ 赤ワイン　　vino rosso
- □ 発泡性ワイン　　spumante

★secco/dolce（辛口の/甘口の）は、「赤ワイン」「発泡性ワイン」のあとに続けてもOK。

- □ クロワッサン　　cornetto
  - クリーム入り〜　　〜con crema
  - ジャム入り〜　　〜con marmellata
  - 何も入っていない〜　　〜semplice
- □ デニッシュ　　pasta alla crema
- □ パニーニ　　panino
- □ サンドイッチ　　tramezzino
- □ ホットサンド　　toast
- □ ポテトチップ　　patatine 🈟
- □ 黒いオリーブの実　olive nere 🈟
- □ 緑のオリーブの実　olive verdi 🈟

## おみやげ
### *souvenir*

- ☐ ランチョンマット　tovaglietta
- ☐ ネクタイ　cravatta
- ☐ マフラー　sciarpa
- ☐ レース　merletto
- ☐ 本　libro
- ☐ レシピ本　libro di ricette
- ☐ 写真集　libro fotografico
- ☐ 漫画　fumetto
- ☐ 絵　disegno
- ☐ イラスト　illustrazione
- ☐ 絵画　quadro
- ☐ サッカーの　uniforme
　ユニフォーム　di calcio
- ☐ ステッカー　adesivo
- ☐ マグネット　magnete
- ☐ コーヒーメーカー　caffettiera/moca
- ☐ ヴェネツィアン　vetro veneziano
　グラス
- ☐ レモンリキュール　limoncello

## 素材
### *materiali*

- ☐ 木綿　cotone
- ☐ ウール　lana
- ☐ 絹　seta
- ☐ 麻　lino
- ☐ ナイロン　nylon
- ☐ 革　pelle
- ☐ スエード　pelle scamosciata

## 革製品
### *articoli di pelle*

- ☐ 財布　portafoglio
- ☐ 小銭入れ　portamonete
- ☐ ベルト　cintura
- ☐ 手袋　guanti 🔵
- ☐ ジャケット　giacca
- ☐ 靴　scarpe 🔵
- ☐ かばん　borsa
- ☐ ハンドバッグ　borsetta

## アクセサリー
### *accessori*

- ☐ ネックレス　collana
- ☐ ペンダント　pendente/ciondolo
- ☐ ブローチ　spilla
- ☐ ピアス　orecchini 🔵
- ☐ イヤリング　orecchini a clip 🔵
- ☐ 指輪　anello

付録②
単語帳

# 街
## *città*

□ 橋
ponte

□ 教会
chiesa

□ 薬局
farmacia

□ たばこ屋
tabaccheria

□ 広場
piazza

□ 噴水、泉
fontana

| | | | | |
|---|---|---|---|---|
| □ レストラン | ristorante | | □ 市場 | mercato |
| □ ホテル | albergo | | □ 観光案内所 | ufficio turistico |
| □ 銀行 | banca | | □ 旧市街 | centro storico |
| □ 郵便局 | ufficio postale/posta | | □ 大聖堂 | duomo |
| □ 病院 | ospedale | | □ 庭園 | parco |
| □ 警察署 | polizia | | □ 美術館 | museo |
| □ 日本大使館 | Ambasciata del Giappone | | □ 劇場 | teatro |

| | | 体の部位 | | | | | |
|---|---|---|---|---|---|---|---|
| | | *parti del corpo* | | | | | |

| ① 頭 | testa | ④ 耳 | orecchio | ⑦ 歯 | denti 複 |
|---|---|---|---|---|---|
| ② 髪 | capelli 複 | ⑤ 鼻 | naso | ⑧ 唇 | labbro |
| ③ 目 | occhio | ⑥ 口 | bocca | ⑨ のど | gola |

| ⑩ 首 | collo | ⑮ 胸 | petto | ⑳ ひざ | ginocchio |
|---|---|---|---|---|---|
| ⑪ 肩 | spalla | ⑯ 腹 | pancia | ㉑ 足 | piede |
| ⑫ 腕 | braccio | ⑰ 指 | dito | ㉒ 背中 | schiena |
| ⑬ ひじ | gomito | ⑱ 爪 | unghia | ㉓ 腰 | schiena |
| ⑭ 手 | mano | ⑲ 脚 | gamba | ㉔ お尻 | sedere |

著者

## Antonio Maizza　アントニオ・マイッツァ

1969年生まれ。イタリア・プーリア州出身。8歳のときに自国で見た日本の
テレビアニメをきっかけに14歳から日本語を独学する。97年からローマで日
本語通訳ガイドを務め、2004年の来日後、日本語能力試験1級に合格。東
京イタリア文化会館、星美学園短期大学、目白大学、イタリア語会話カリメ
ロでイタリア語講師を務めるほか、NHK「テレビでイタリア語」のナレーショ
ンなど活動は多岐にわたる。

〈著書〉
『らくらくマスターイタリア語 教科用(共著)』(郁文堂)
〈監修書〉
『イタリア語会話55の鉄則表現』(三修社)
『家庭教師ヒットマンREBORN!』(集英社)　※イタリア語監修

聴ける！読める！書ける！話せる！
# イタリア語 初歩の初歩 音声DL版

著　者　Antonio Maizza
発行者　高橋秀雄
編集者　原田幸雄
発行所　**株式会社 高橋書店**
　　　　〒170-6014 東京都豊島区東池袋3-1-1 サンシャイン60 14階
　　　　電話　03-5957-7103

ISBN978-4-471-11460-2　©TAKAHASHI SHOTEN　Printed in Japan

本書の内容についてのご質問は「書名、質問事項(ページ、内容)、お客様のご連絡先」を明記のうえ、
郵送、FAX、ホームページお問い合わせフォームから小社へお送りください。
回答にはお時間をいただく場合がございます。また、電話によるお問い合わせ、本書の内容を超えたご質問には
お答えできませんので、ご了承ください。本書に関する正誤等の情報は、小社ホームページもご参照ください。

**【内容についての問い合わせ先】**
　書　面　〒170-6014 東京都豊島区東池袋3-1-1 サンシャイン60 14階　高橋書店編集部
　FAX　03-5957-7079
　メール　小社ホームページお問い合わせフォームから　(https://www.takahashishoten.co.jp/)

**【不良品についての問い合わせ先】**
　ページの順序間違い・抜けなど物理的欠陥がございましたら、電話03-5957-7076へお問い合わせください。
　ただし、古書店等で購入・入手された商品の交換には一切応じられません。